Meditando com
MARIA

Meditando com
MARIA

Texto
Sônia Café

Ilustrações
Rogério Soud

*Direção de arte, pesquisa iconográfica
e perfis biográficos*
Adilson Silva Ramachandra

Editora Pensamento
SÃO PAULO

Copyright © 2017 Sônia Café.
Texto de acordo com as novas regras ortográficas da língua portuguesa.
1ª edição 2017./ 2ª reimpressão 2024.
Todos os direitos reservados. Nenhuma parte deste livro pode ser reproduzida ou usada de qualquer forma ou por qualquer meio, eletrônico ou mecânico, inclusive fotocópias, gravações ou sistema de armazenamento em banco de dados, sem permissão por escrito, exceto nos casos de trechos curtos citados em resenhas críticas ou artigos de revista.
A Editora Pensamento não se responsabiliza por eventuais mudanças ocorridas nos endereços convencionais ou eletrônicos citados neste livro.

Editor: Adilson Silva Ramachandra
Editora de texto: Denise de Carvalho Rocha
Gerente editorial: Roseli de S. Ferraz
Preparação de texto: Euclides Luiz Calloni
Produção editorial: Indiara Faria Kayo
Projeto Gráfico e Diagramação: Join Bureau

Dados Internacionais de Catalogação na Publicação (CIP)
(Câmara Brasileira do Livro, SP, Brasil)

Café, Sônia
    Meditando com Maria / texto Sônia Café ; ilustrações Rogério Soud ; direção de arte, pesquisa iconográfica e perfis biográficos Adilson Silva Ramachandra. – São Paulo : Pensamento, 2017.

ISBN 978-85-315-1987-1

    1. Maria, Virgem, Santa – Aparições e milagres 2. Maria, Virgem, Santa – Devoção 3. Maria, Virgem, Santa – História I. Soud, Rogério. II. Ramachandra, Adilson Silva. III. Título.

17-09502   CDD-232.91

Índices para catálogo sistemático:	
1. Maria, Mãe de Jesus : Devoção : Cristianismo	232.91
2. Nossa Senhora : Devoção : Cristianismo	232.91

Direitos reservados
EDITORA PENSAMENTO-CULTRIX LTDA.
Rua Dr. Mário Vicente, 368 – 04270-000 – São Paulo – SP
Fone: (11) 2066-9000
http://www.editorapensamento.com.br
E-mail: atendimento@editorapensamento.com.br
Foi feito o depósito legal.

Dedicatória

Este livro é dedicado:

– À minha mãe, Maria. Ela se alegrará por ele ter sido escrito em sua homenagem.

– A todas as Marias e a todas as mulheres que cuidam de todo ser que nasce desprotegido e vulnerável e o nutrem com o melhor de si para que cresça e triunfe no Bem Maior.

– A todas as pessoas que compreendem o verdadeiro sentido da "maternidade", da mãe que dá à luz tudo o que precisa ser conhecido e revelado como dádiva perfeita do Amor.

– A todos os que se sentem filhos e filhas de Maria, a Santa Maria, mãe de Deus que roga por nós, pecadores, agora, neste momento e na misteriosa hora da nossa morte. Amém.

Sumário

Introdução 11
Como Usar Este Livro 13
Nossa Senhora Aparecida 14
Nossa Senhora de Nazaré 16
Nossa Senhora de Fátima 18
Nossa Senhora do Bom Conselho.................... 20
Nossa Senhora da Guarda................................ 22
Nossa Senhora do Ninho 24
Nossa Senhora do Pilar 26
Nossa Senhora do Rosário 28
Nossa Senhora das Graças 30
Nossa Senhora da Consolação 32
Nossa Senhora da Penha................................. 34
Nossa Senhora do Portal................................. 36
Nossa Senhora da Cabeça Inclinada 38

Nossa Senhora dos Desamparados	40
Nossa Senhora da Revelação	42
Nossa Senhora das Candeias	44
Nossa Senhora da Conceição da Rocha	46
Nossa Senhora da Nuvem	48
Nossa Senhora da Rosa Mística	50
Nossa Senhora de Montserrat	52
Nossa Senhora dos Milagres	54
Nossa Senhora da Guia	56
Nossa Senhora de Guadalupe	58
Nossa Senhora da Humildade	60
Nossa Senhora da Glória	62
Nossa Senhora da Caridade do Cobre	64
Nossa Senhora Desatadora dos Nós	66
Nossa Senhora dos Anjos	68
Nossa Senhora da Ajuda	70
Nossa Senhora da Lapa	72
Nossa Senhora da Paz	74
Nossa Senhora do Silêncio	76
Nossa Senhora do Carmo	78
Nossa Senhora da Misericórdia	80
Nossa Senhora do Bom Sucesso	82

Nossa Senhora do Sagrado Coração 84
Nossa Senhora de Lourdes 86
Nossa Senhora da Claridade 88
Nossa Senhora da Escada 90
Nossa Senhora das Treze Pedras 92
Nossa Senhora da Conceição 94
Nossa Senhora da Esperança 96
Nossa Senhora da Fonte Santa 98
Nossa Senhora de Chartres 100
Nossa Senhora da Vitória 102
Nossa Senhora da Estrada 104
Nossa Senhora da Árvore 106
Nossa Senhora da Confiança 108
Nossa Senhora do Perpétuo Socorro 110
Nossa Senhora Auxiliadora 112
Nossa Senhora das Mercês 114
Nossa Senhora dos Mares 116
Nossa Senhora da Luz 118
Nossa Senhora da Anunciação 120
Nossa Senhora de Copacabana 122
Nossa Senhora da Saúde 124
Nossa Senhora da Alegria 126

Nossa Senhora Achiropita	128
Nossa Senhora das Necessidades	130
Nossa Senhora da Piedade	132
Nossa Senhora dos Prazeres	134
Nossa Senhora da Boa-Nova	136
Nossa Senhora da Boa Viagem	138
Nossa Senhora do Bom Parto	140
Nossa Senhora de Schoenstatt	142
Nossa Senhora da Ternura	144
Nossa Senhora da Boa Morte	146
Nossa Senhora Divina Pastora	148
Nossa Senhora dos Remédios	150
Nossa Senhora das Neves	152
Apêndice	154

Introdução

Maria é mãe, mulher e rainha glorificada. Esses atributos aparecem com muita clareza em tudo o que já foi dito e revelado a respeito dela. Maria é mãe de Jesus, esposa de José, rainha elevada aos céus, rainha soberana dos anjos, e portadora de inúmeros outros títulos.

Nas designações e qualidades de Maria encontramos as revelações de uma Mãe divina em atividade, sempre presente em momentos sagrados de comunhão com ela. Maria é uma mãe celestial de amor e bondade, eternamente disposta a atender às necessidades de todos os que a procuram e vivem a busca sincera de um encontro verdadeiro com Deus.

Ao longo dos séculos, são incontáveis os que são tocados por Maria e por suas aparições, e ela será sempre a Mãe celestial, amada e venerada, de grande parte da humanidade.

Como Usar Este Livro

Este livro é apenas uma ferramenta na mão de toda pessoa que devote um grande amor a Maria. É simples assim. Para que cumpra sua função e se torne útil, porém, duas atitudes são necessárias: primeira, abrir o coração a Maria, com uma pergunta e uma intenção mentalizadas no silêncio da meditação ou da oração; segunda, abrir o livro, transformando-o num instrumento que ajude a revelar a união já existente entre o devoto e Maria. O breve texto, seguido de uma afirmação, servirá de apoio para que a presença da Mãe Divina seja sentida interiormente como uma benção e um carinho maternos.

Nossa Senhora Aparecida

Eu sou o Amor que revela a bondade
e a abundância divinas.

FILHOS E FILHAS BEM-AMADOS, eu venho para que tudo se torne claro e apareça, assim como é, na claridade da luz divina. Que a cabeça e o coração estejam sempre unidos. Tudo deve aparecer, nada deve ficar escondido por aparências, principalmente a abundância de dons e dádivas que a Vida pode criar para o triunfo do Bem. Estejam preparados para uma colheita abundante daquilo que foi plantado, assim como uma rede cheia de peixes pode ser o prêmio para um pescador perseverante e cheio de fé em Deus.

Origem: Nossa Senhora Aparecida, ou formalmente Nossa Senhora da Conceição Aparecida, é um título atribuído à Virgem Maria, mãe de Jesus, a partir de uma lenda. Na segunda quinzena do mês de outubro de 1717, pescadores lançaram suas redes no Rio Paraíba do Sul com o objetivo de pescar alguns peixes para um jantar especial que seria oferecido ao Conde de Assumar. Mesmo não sendo época de pesca, quando já estavam quase desistindo, um dos pescadores, João Alves, jogou a rede e apanhou uma imagem da Nossa Senhora da Conceição, porém sem a cabeça. Numa segunda tentativa, conseguiu retirar a cabeça das águas do rio. Dezessete anos depois do achado foi construída a primeira capela dedicada a Nossa Senhora Aparecida.

Data comemorativa: Nossa Senhora da Conceição Aparecida foi proclamada Rainha e Padroeira Oficial do Brasil em 16 de julho de 1930, por decreto do Papa Pio X. Cinquenta anos depois, a lei federal de 30 de junho de 1980 declarou o dia 12 de outubro feriado nacional dedicado à santa.

Padroeira: do Brasil.

Nossa Senhora de Nazaré

Eu sou o Amor que fortalece e renova a fé nos corações dos meus filhos.

EU SOU A MÃE DO NAZARENO e de todas as possibilidades. Tudo é tão simples e singelo para os corações que têm fé. Uma pequenina ação, no lugar e na hora certos, pode criar maravilhas! Somente o aparente passar do tempo poderá revelar a grandeza de quem age com um coração puro, em silêncio e com humildade. Meu amor de mãe é a garantia de que nada poderá causar-lhes dano. Sob o meu manto azul eu os protejo e os encho de força para vencer com determinação todos os obstáculos.

Origem: Nossa Senhora de Nazaré é um título atribuído à Virgem Maria, mãe de Jesus. Segundo a tradição cristã, Maria nasceu no dia 08 de setembro e seria filha de Santa Ana e São Joaquim. A sua imagem, de acordo com a lenda, foi esculpida por São José, e mais tarde pintada por São Lucas. No século VI, foi levada para a Espanha onde permaneceu até 711. No mesmo ano, após a Batalha de Guadalete, foi levada para Portugal e ficou escondida e quase ignorada numa gruta do litoral até o ano de 1182, quando o cavaleiro D. Fuas Roupinho, montado em seu cavalo, salvou-se milagrosamente de cair num precipício após invocar o nome de Nossa Senhora. O título deriva originalmente de Nazaré, na Palestina, depois foi popularizado por influência da Vila da Nazaré, em Portugal, local no qual foi construído um Santuário em sua glória.

Data comemorativa: 08 de setembro.

Padroeira: da Vila da Nazaré (Portugal), de Saquarema (RJ), do estado do Pará e Rainha da Amazônia.

Nossa Senhora de Fátima

Eu sou o Amor que purifica o coração e o livra do medo.

FILHOS E FILHAS BEM-AMADOS, não deixem que o medo paralise seus esforços e atraia aquilo que mais temem. Todas as experiências da vida são como sonhos e não podem causar danos à sua essência divina. Se as circunstâncias não são boas e vocês tiverem de enfrentá-las, não permitam que se tornem parte de vocês; deixem que passem, como um vento ágil e renovador. Cumpram a sua parte, como um papel representado no Teatro da Vida. Confiem em Deus, pois Ele pode operar maravilhas por seu intermédio.

Origem: Nossa Senhora de Fátima, ou formalmente Nossa Senhora do Rosário de Fátima, é um título atribuído à Virgem Maria, mãe de Jesus. Sua origem está ligada a uma série de aparições que tiveram início no dia 13 de maio de 1917 a três crianças, Lúcia de Jesus, de 10 anos, e seus primos Francisco e Jacinta Marto, de 9 e 7 anos, que pastoreavam um pequeno rebanho na Cova da Iria, na freguesia de Fátima, parte do concelho de Vila Nova de Ourém, região central de Portugal. Após essa data, Nossa Senhora voltou a aparecer nos meses seguintes, em junho, julho, setembro e outubro, sempre no dia 13.

Data comemorativa: 13 de maio.

Padroeira: protetora da Guiana e Suriname, Portugal e anjo das crianças.

Nossa Senhora do Bom Conselho

Eu sou o Amor que ilumina escolhas e aponta a melhor direção.

AMADA FILHA, AMADO FILHO, não se sintam perdidos, sem saber para onde ir ou quando chegar ao lugar certo para encontrar paz de espírito. A paz já está dentro de vocês e irá para onde vocês forem; portanto, não temam pelas suas escolhas. Tudo virá na hora certa, pois a perseverança dos que creem e não titubeiam na hora de fazer o que é correto sempre atrai os melhores resultados. A Divina Providência atua com determinação e amor e vocês devem imitá-la em todas as suas atitudes.

Origem: Nossa Senhora do Bom Conselho é um título atribuído à Virgem Maria, mãe de Jesus. Suas origens são envoltas em lendas e milagres, mas a maioria dos relatos liga esta denominação da Virgem Maria a uma imagem de Nossa Senhora de Escodra (Bom Conselho), cultuada na Albânia, e a um afresco atualmente venerado em Genazzano, na Itália. Em Escodra (hoje Üsküdar), onde havia um ícone da Virgem, surgiu um centro de peregrinação durante as guerras contra os Otomanos. Um dia, durante um cerco à cidade, dois albaneses devotos se postaram ao pé da imagem e rezaram para que pudessem escapar com segurança. Reza a lenda que neste momento a imagem se desprendeu do altar e flutuou no ar, saindo da igreja. Os dois homens, Gjorgji e De Sclavis, seguiram a imagem, que finalmente os conduziu até Roma, onde desapareceu diante de suas vistas. Lá, depois de algum tempo, ouviram rumores sobre uma imagem da Virgem que aparecera miraculosamente em Genazzano.

Data comemorativa: 26 de abril.

Padroeira: das cidades de Üsküdar (antiga Scutari, Albânia) e Genazzano, (Itália).

Nossa Senhora da Guarda

Eu sou o Amor que protege os caminhos de homens e mulheres de boa vontade.

MUITAS VEZES É PRECISO SUBIR a um lugar mais alto para ver melhor toda a paisagem. De onde estou, posso ver os seus passos e as direções que você escolhe seguir. Sob a minha guarda, os mares serão navegados, as estradas percorridas, os ares cruzados e os meus filhos bem-amados chegarão aos seus destinos. Meu lugar favorito é na guarita do seu coração e de lá posso ver os caminhos mais seguros e protegidos. Esteja em paz e siga adiante. Há sempre mais para aprender e conhecer.

Origem: Nossa Senhora da Guarda é um título atribuído à Virgem Maria, mãe de Jesus. O culto a este ícone mariano teve início no final do século XV, como resultado da aparição que ocorreu em 29 de agosto de 1487 (ou 1490 dependendo das fontes) a Benedetto Pareto – um fazendeiro visionário da paróquia de San Bartolomeo, na Itália –, e ainda hoje permanece como devoção de longa data dos fiéis de Val Polcevera, estendendo-se gradualmente a todos os povoados a oeste de Gênova. Seu santuário principal foi construído por São Luís Orione em Tortona, na Itália.

Data comemorativa: 29 de agosto.

Padroeira: das Guardas Municipais.

Nossa Senhora do Ninho

Eu sou o Amor que inspira a cooperação
e a união de todos.

O MEU CORAÇÃO É COMO UM NINHO a proteger todos aqueles que decidem se unir em nome do amor. A ideia da separação é uma criação ilusória e todas as fibras do meu ser se entretecem para abençoar o nascimento da vida, nas mais variadas formas e manifestações. O ninho é o lar abençoado onde todos os seres devem nascer e florescer, de modo a criar outros ninhos, numa corrente de amor infinito, sob os meus cuidados. Filhos e filhas bem-amados, unam-se para apoiar o novo que vai nascer em suas vidas.

Origem: Nossa Senhora do Ninho de Juigné-sur-Loire é um título atribuído à Virgem Maria, mãe de Jesus. A devoção a este ícone cristão teve início quando um jovem casal recém-casado com problemas – prestes a se separar – dirigiu-se a Nossa Senhora e, graças a ela, continuou unido. Em 1936, em ação de graças, os dois mandaram construir uma capela em honra de Nossa Senhora, Protetora do Lar, numa colina próxima à Abadia de Solesmes. Por uma razão muito especial, o nome foi mudado para Nossa Senhora do Ninho. Quando o artista Raymond Dubois trabalhava na imagem que representaria a Protetora do Lar, descobriu uma profunda cavidade na altura do coração, onde se escondia um ninho de passarinho, como que descansando no coração maternal de Maria, tonando-se um magnífico símbolo de proteção a noivos, ao casamento e ao lar.

Data comemorativa: dados desconhecidos no Brasil.

Padroeira: dos noivos, dos casais, do casamento e do lar.

Nossa Senhora do Pilar

Eu sou o Amor que é um pilar de luz divina e angelical a fortalecer atos, sentimentos e pensamentos de fé.

A DISTÂNCIA E A SEPARAÇÃO não existem para o coração que ama. O Amor é a pilastra de sustentação do Universo. Para onde quer que estejam indo, recebam a minha bênção e cumpram com o que vocês vieram fazer aqui. Meu Filho Divino é a encarnação do Amor e filhos são bênçãos que oferecemos ao mundo. O Amor se ofereceu ao mundo porque Deus fez em mim maravilhas. Deixem que a intercessão de Deus abençoe e proteja *tudo* que tenha nascido ou venha a "nascer" por seu intermédio.

Origem: Nossa Senhora do Pilar é um título atribuído à Virgem Maria, mãe de Jesus. Sua imagem encontra-se na Catedral-Basílica de Nossa Senhora do Pilar, em Saragoça, na Espanha. A história de sua aparição vem de uma visão da freira alemã Anna Catarina Emmerich (1774-1824), na qual a Virgem Maria teria aparecido a São Tiago, que pregava o Evangelho em Saragoça na noite do dia 02 de janeiro do ano 40 da Era Cristã. Maria surgiu envolta numa coluna de luz e lhe teria ordenado a construção de um templo naquela localidade. Esse templo veio sendo reconstruído desde os primórdios da comunidade cristã espanhola até se tornar a basílica atual.

Data comemorativa: 12 de outubro.

Padroeira: da Espanha.

Nossa Senhora do Rosário

Eu sou o Amor que perfuma o coração dos que oram em meu nome, para louvar e agradecer as dádivas de Deus.

O MEU JARDIM DE ROSAS exala a mais deliciosa fragrância. Sintam-na. O perfume vem do coração iluminado da flor e os mais variados tons de rosa falam do meu amor pelos meus filhos e filhas bem-amados. Reverenciem a vida e abram os olhos para ver que tudo é sagrado; sintam-se protegidos no centro do meu jardim. Contemplem e toquem cada rosa, delicadamente, como uma oração para mim. Perfumem-se com o meu Amor de mãe e percebam a transformação acontecer ao seu redor. Tudo se realizará no tempo certo.

Origem: Nossa Senhora do Rosário é um título atribuído à Virgem Maria, mãe de Jesus. Sua origem encontra-se na aparição a São Domingos de Gusmão em 1208, na capela de Prouille, França, quando ele recebeu da Virgem Maria um rosário. Ela o incumbiu da missão de pregar a todas as pessoas, como remédio contra a heresia e o pecado. Fundador da Ordem dos Dominicanos, São Domingos foi o grande propagador do Rosário no início do século XIII. Por suas realizações devocionais, a Igreja lhe conferiu o título de Apóstolo do Santo Rosário.

Data comemorativa: 07 de outubro. Nesse dia, no ano de 1571, a frota ocidental cristã, comandada por D. João de Áustria, (1545-1578), obteve uma retumbante vitória contra os turcos otomanos na Batalha Naval de Lepanto, nas costas da Grécia.

Padroeira: por ter sido adotada na África após sua introdução por portugueses, Nossa Senhora do Rosário foi padroeira dos escravos do Brasil, dando origem a muitas Irmandades dos Homens Pretos. Além disso, ela é considerada padroeira das cidades de Lima, capital do Peru, Itu, Parnaíba e Sorocaba (SP) e Serro (MG).

Nossa Senhora das Graças

Eu sou o Amor que abençoa com a graça divina e faz cumprir a vontade de Deus.

BANHEM-SE NOS RAIOS DE LUZ da minha graça. Ela é abundante para os que confiam no poder de transformação e cura do Amor. O meu coração está unido ao do meu Filho muito amado para dissipar o medo e a dúvida do mundo. Sentimentos de separação e isolamento se dissolvem pelo dom das minhas graças copiosas que se doam para todos os meus filhos e filhas. Unam-se em oração e peçam que seja feita a vontade de Deus, pois graças os alcançarão. Levem-me para perto de seus corações e recebam as graças de que precisam.

Origem: Nossa Senhora das Graças, ou da Medalha Milagrosa, é um título atribuído à Virgem Maria, mãe de Jesus. A primeira vez que a Virgem Maria se revelou como Nossa Senhora das Graças foi em 1830, numa aparição a Santa Catarina Labouré, em Paris, França. Quando este fato ocorreu, a Virgem Maria disse que tinha muitas e muitas graças para dar à humanidade, mas as pessoas não as pedem. Catarina ainda era noviça da Congregação de São Vicente de Paulo quando no final da tarde de 27 de novembro, impelida à capela para rezar, em estado de oração teve uma visão da Virgem Maria, que se revelou a ela como Nossa Senhora das Graças.

Data comemorativa: 27 de novembro.

Padroeira: defensora dos pobres, oprimidos e protetora dos que sofrem.

Nossa Senhora da Consolação

Eu sou o Amor divino que consola e preenche de alegria todos os corações.

EU SOU UMA MÃE CONSOLADORA e quero preencher a sua vida de ânimo e coragem, dádivas do meu amantíssimo e Divino Filho. E não há consolo maior do que saber que a Vida é eterna e abundante, sempre em movimento e em contínua transformação. Não há desafio intransponível quando se confia na intercessão de Deus. Não existe missão árdua quando se percebe que o irreal não pode afetar nem pôr em risco o que é real. Só o Amor é real; tudo o mais é um sonho passageiro.

Origem: Nossa Senhora da Consolação, ou Nossa Senhora Consoladora dos Aflitos, é um título atribuído à Virgem Maria, mãe de Jesus, e uma das devoções mais antigas da Igreja Católica, remontando à época dos apóstolos. Após a morte e ressurreição de Jesus, eles viam Maria como Verdadeira Mãe e Mestra, consumada na ação do Espírito Santo em trazer o Messias ao mundo. Maria é a própria consoladora do espírito, a fortaleza que reconforta os sofredores, o porto seguro dos aflitos.

Data comemorativa: 15 de agosto.

Padroeira: dos lares, da harmonia entre a família, dos sofredores e dos aflitos.

Nossa Senhora da Penha

Eu sou o Amor que se doa para mostrar a amplitude do desapego.

COLOCO-ME SOBRE UMA ROCHA elevada para oferecer aos meus filhos e filhas uma base sólida onde poderão se apoiar e descortinar a vista mais abrangente. Ofereço-lhes meus olhos, de modo que, por um átimo de segundo, percebam suas vidas da maneira mais ampla e inclusiva possível. Assim, por maior que seja o desafio, se visto com desapego e muito além da dimensão em que foi posto, ele será como um pontinho perdido na paisagem infinita do meu amor por todos.

Origem: Nossa Senhora da Penha é um título atribuído à Virgem Maria, mãe de Jesus. Essa devoção mariana teve início em 1434, quando um monge francês chamado Simão sonhou com uma imagem de Nossa Senhora enterrada no alto de uma montanha de difícil acesso, localizada numa serra na Espanha chamada Penha de França. A imagem estaria escondida ali devido a uma guerra entre franceses e muçulmanos. Após uma caminhada ininterrupta de três dias e três noites, finalmente, ao parar para descansar, com a ajuda de uma bela senhora com o filho ao colo sentada perto dele, Simão teve a revelação do local onde a imagem estava enterrada. Uma capela foi construída nesse lugar, tornando-se mais tarde o Santuário de Nossa Senhora da Penha e um centro de peregrinação situado num dos lugares de maior altitude do mundo.

Data comemorativa: 08 de setembro.

Padroeira: das cidades de São Paulo, Corumbá de Goiás (GO), Ciudad Rodrigo e Província de Salamanca (Espanha); protetora do estado do Espírito Santo.

Nossa Senhora do Portal

Eu sou o Amor que inspira a vontade de seguir adiante, sem olhar para trás.

DIANTE DE UM BELO PORTAL, eu aguardo que vocês o cruzem e venham para perto de mim. Não temam o desconhecido, mas encarem-no com um sorriso e a delicadeza de passos dados com firmeza e protegidos pelo dom da inocência. Ao passarem para o meu lado, vocês já terão condições de aceitar o que é novo e estarão prontos para fluir com as ondulações de uma flexibilidade libertadora. Avancem e não titubeiem, pois portas se abrirão e a nova visão se revelará. Tomem a minha mão e sigamos.

Origem: Nossa Senhora do Portal, ou formalmente Nossa Senhora do Portal da Aurora, é um título atribuído à Virgem Maria, mãe de Jesus. Venerada desde o século XVI por católicos e cristãos ortodoxos na cidade de Vilnius, capital da Lituânia, e cultuada por eslavos, russos e poloneses, essa madona negra tem esse nome porque sua imagem sempre ficou numa capela próxima a um dos portões da muralha medieval de Vilnius. Em 1921 ela foi coroada como Mãe da Misericórdia, e o papa João Paulo II a abençoou em 1993. Mesmo sob o regime comunista da antiga URRS – que proibia cultos religiosos – ela continuou a ser venerada, e sua capela foi a única que permaneceu aberta. É também conhecida como Nossa Senhora da Misericórdia.

Data comemorativa: desconhecida no Brasil.

Padroeira: da cidade de Vilnius, provavelmente, mas não há dados sobre isso no Brasil.

Nossa Senhora da Cabeça Inclinada

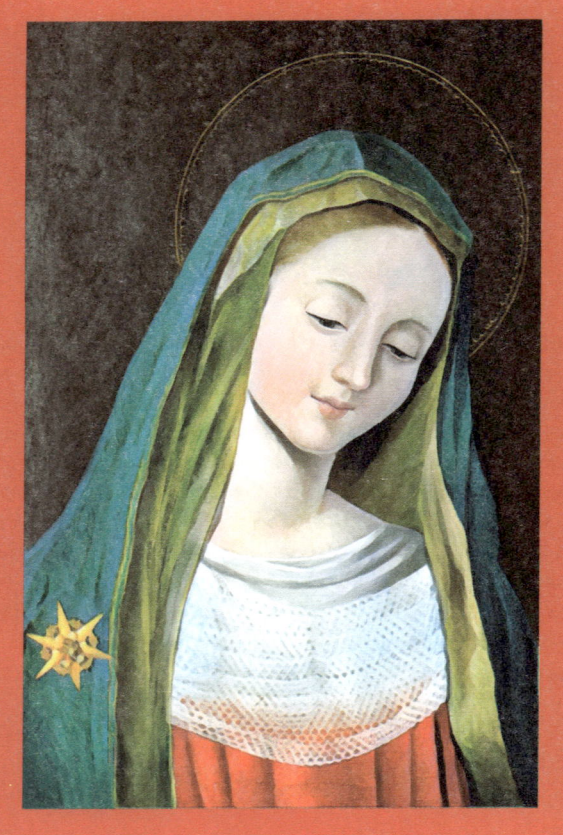

Eu sou o Amor que concede graças e liberta
a alma para viver plenamente.

EU SOU A MÃE DA GRAÇA e inclino minha cabeça para dizer sim ao seu fervoroso pedido. Esteja livre de crenças limitantes e abra os olhos para ver um todo maior e muito mais amplo. Meu filho querido, minha filha querida, não há aflição que perdure quando a alma se dispõe a aceitar que a Vontade de Deus seja cumprida. Não há graça maior do que aquela que se origina dessa Vontade e só ela conhece o seu verdadeiro Destino. Abençoados sejam os seus caminhos. Abençoada seja a sua vida.

Origem: Nossa Senhora da Cabeça Inclinada é um título atribuído à Virgem Maria, mãe de Jesus. Sua origem remonta a uma antiga imagem de Nossa Senhora das Graças que foi encontrada por Frei Domingos de Jesus-Maria numa casa abandonada em 1604, ou segundo outras fontes, numa parte do convento da Ordem dos Carmelitas Descalços, em Roma. A lenda nos conta que uma vez Frei Domingos rezou com tanto fervor diante da imagem, que ela lhe sorriu, e agradeceu as orações inclinando a cabeça. Em 1610, Frei Domingos expôs o milagroso quadro à veneração pública na igreja de Santa Maria da Escada. Porém, desde 1902, o quadro milagroso encontra-se na igreja do convento da Ordem dos Carmelitas Descalços no bairro vienense de Döbling, Áustria. O Papa Pio XI procedeu à coroação canônica solene do quadro em 1931 e determinou que a festa de Nossa Senhora da Cabeça Inclinada fosse celebrada no dia 07 de fevereiro, data em que os carmelitas descalços homenageiam esse quadro milagroso.

Data comemorativa: 07 de fevereiro.

Padroeira: dados desconhecidos no Brasil.

Nossa Senhora dos Desamparados

Eu sou o Amor que ampara e perdura para sempre.

SÓ O MEU AMOR CONSEGUE sustentar a visão e compreender o significado do seu desamparo. Mas saiba que você está sempre amparado sob as asas desse meu amor. Ele é imensurável e ama a tudo, sem nada excluir. Um amor tão imenso e muitas vezes impossível de ser compreendido, mas uma eterna presença no fluxo de sua vida. Confie no triunfo do bem e vá ao encontro de sua essência divina, pois ela também é Amor e o único amparo que perdura para sempre.

Origem: Nossa Senhora dos Desamparados é um título atribuído à Virgem Maria, mãe de Jesus. Cultuada na Espanha desde o século XV, a origem deste título está ligada a um fato ocorrido na cidade de Valência, Espanha, em 1409. Um sacerdote chamado Jofre caminhava pela rua, quando presenciou um ato de violência de alguns jovens contra um doente mental que numa crise de loucura agredia as pessoas que passavam por ali. Penalizado com a situação dos marginalizados pela sociedade, o padre Jofre decidiu criar uma confraria para auxiliar os doentes e meninos desamparados. Contando com o apoio inicial de dez católicos, que se tornaram confrades, ele construiu um albergue com uma capela anexa. Era seu desejo dedicar essa capela a Nossa Senhora, sob o título glorioso de Nossa Senhora dos Desamparados.

Data comemorativa: segundo domingo de maio.

Padroeira: do município espanhol de Valência.

Nossa Senhora da Revelação

Eu sou o Amor que revela a verdade e desfaz limitações.

OS VÉUS QUE COBREM A REALIDADE se levantam quando seus olhos querem realmente ver e seus ouvidos querem realmente ouvir uma inadiável revelação: nada está separado, tudo está interligado pelos fios luminosos e invisíveis do Amor. Seus entes queridos e sua participação na vida deles são realidades inseparáveis. Eu sou a revelação maternal que pode sustentá-lo e nutri-lo com esse Amor. Ofereço-lhe o meu colo divino até que você esteja pronto para se sentir livre de suas limitações.

Origem: Nossa Senhora da Revelação é um título atribuído à Virgem Maria, mãe de Jesus. Seu culto teve início após a visão de Bruno Cornachiola, um ex-comandante comunista italiano da Revolução Espanhola. No dia 12 de abril de 1947, um sábado depois da Páscoa, Bruno, então com 34 anos, condutor de bonde, protestante, foi passear com os três filhos no parque Trè Fontane, nos arredores de Roma. Sentado à sombra de uma árvore, ele retocava o texto de uma conferência que faria no dia seguinte contra Nossa Senhora. Quando os filhos perderam a bola, ajudando-os a encontrá-la, ele e os meninos entraram numa gruta próxima. Foi nesse local que Nossa Senhora apareceu ao homem que até aquele momento havia atacado a devoção à Mãe Maria. A Virgem tocou o coração de Bruno, que retornou ao catolicismo, tornando-se um fiel servidor de Deus e valioso instrumento de evangelização.

Data comemorativa: 12 de abril.

Padroeira: dados desconhecidos no Brasil.

Nossa Senhora das Candeias

Eu sou o Amor que ilumina o mistério e traz a dádiva da compreensão.

MINHA LUZ MILAGROSA está sempre disponível para iluminar todos os corações. Mostro-me a todos, incondicionalmente, e serei sempre vista pelos olhos inocentes de quem está pronto para ver sem prejulgamentos. Anjos invisíveis sustentam a minha luz. O que antes era incompreensível torna-se claro e se transforma em boas-novas. Louve e cante um canto novo para celebrar o momento. O coração que sabe cantar e louvar, mesmo sem entender a razão, recebe a graça do puro entendimento.

Origem: Nossa Senhora das Candeias, também conhecida como Nossa Senhora da Luz e Nossa Senhora da Candelária, é um título atribuído à Virgem Maria, mãe de Jesus. A origem da devoção à Senhora da Luz está na comemoração da apresentação do Menino Jesus no Templo e da purificação de Nossa Senhora "Candelária", quarenta dias após o nascimento de seu filho.

Data comemorativa: 15 de agosto nas Ilhas Canárias e 02 de fevereiro em outros lugares que prestam culto a esta denominação mariana.

Padroeira: das Ilhas Canárias.

Nossa Senhora da Conceição da Rocha

Eu sou o Amor que abençoa os seres com a firmeza da verdade.

SOU COMO UMA ROCHA INVISÍVEL que sustenta todos os seus movimentos em sua busca contínua da verdade. Na luz ou na escuridão, estarei sempre presente em seus ossos, em sua carne, em sua mente e na gruta do seu coração. Saiba que os rios sempre fluirão para o mar e as árvores da Vida crescerão com frutos abundantes, oferecidos a todos os que amam a verdade. Seja verdadeiro e firme como uma rocha e receba as minhas bênçãos.

Origem: Nossa Senhora da Conceição da Rocha é um título atribuído à Virgem Maria, mãe de Jesus, e sua origem está num achado ocorrido em 31 de maio de 1822 em Carnaxide, Portugal. Às margens do Rio Jamor, alguns garotos perseguiam um coelho que entrou num pequeno sulco de terra acidentando. Ao segui-lo, acabaram descobrindo uma gruta com ossos humanos espalhados pelo chão. Fugiram assustados do local e foram contar aos pais o que haviam encontrado. Dirigindo-se ao local, os familiares se depararam com uma pequena imagem de Nossa Senhora da Conceição, feita de barro, ao lado de um manto de seda desgastado. Na mesma noite, a imagem desapareceu misteriosamente, mas voltou a reaparecer em 04 de junho numa oliveira próxima do local. Um santuário foi erigido entre os anos de 1830 e 1892 em homenagem à santa, vindo a se tornar um local de peregrinação.

Data comemorativa: 31 de maio (provavelmente).

Padroeira: dados desconhecidos no Brasil. É provável que seja padroeira do povoado de Carnaxide.

Nossa Senhora da Nuvem

Eu sou o Amor que transforma e cura.

MEUS AMADOS FILHOS E FILHAS, a cura é sempre possível e sempre acontece quando a vontade humana se entrega à vontade de Deus. Minha presença é a presença do Amor que cura e os anjos tornarão visíveis as minhas bênçãos aos olhos de todos os que oram com fervor. Com meu Santíssimo Filho em meus braços, sou abençoada e abençoo em nome do Seu Amor. Mesmo uma nuvem passageira pode dar o testemunho da minha presença ao Seu lado para curar e criar o céu na terra.

Origem: Nossa Senhora da Nuvem é um título atribuído à Virgem Maria, mãe de Jesus. Esta denominação surgiu no Equador em dezembro de 1696. O povo equatoriano resolveu fazer uma procissão com a imagem de Nossa Senhora de Guápulo até a catedral de Quito, cujo bispo, Sancho de Andrade y Figueroa, estava muito doente. Em certo momento durante o cortejo, o padre José de Ulloa apontou para o céu gritando: "A Virgem! A Virgem!" Todos os participantes do evento puderam presenciar a aparição da Virgem, que surgiu sobre uma nuvem, com o Menino Jesus nos braços. O bispo recebeu uma cura milagrosa, e pouco depois mandou erigir um altar dedicado a Nossa Senhora da Nuvem no interior da catedral.

Data comemorativa: 30 de dezembro.

Padroeira: dados desconhecidos no Brasil.

Nossa Senhora da Rosa Mística

Eu sou o Amor que pratica a gratidão incessante.

AMADO SER, AQUIETE-SE E RECEBA em sua mente e coração o traçado luminoso que aponta na direção que você deve seguir. Você está mais perto do seu destino do que imagina e nem a escuridão nem o mau tempo serão empecilhos para você chegar aonde precisa. Confie no meu amor por você e saiba que é o mesmo amor que traz em si. Pratique-o, expresse-o como se fosse uma criança a oferecer rosas de gratidão ao mundo. No meu jardim de rosas perfumadas todos são bem-vindos.

Origem: Nossa Senhora da Rosa Mística é um título atribuído à Virgem Maria, mãe de Jesus. Sua primeira aparição aconteceu na Itália. Em 1947, Pierina Gilli, uma enfermeira da cidade de Montechiari, teve a visão num quarto do hospital em que trabalhava. Durante o evento místico, Nossa Senhora se apresentou como uma belíssima senhora, vestida com uma túnica púrpura e um véu branco, na qual, na altura do peito, três espadas cravavam o coração. Ela demostrava uma tristeza profunda e chorava, dizendo à enfermeira: "Oração, Penitência, Expiação". Numa segunda aparição, as espadas haviam sumido e dado lugar a três rosas: uma branca, uma dourada e uma vermelha. Nessa ocasião, Nossa Senhora pediu orações pelos sacerdotes através de uma nova devoção mariana, a devoção a Nossa Senhora da Rosa Mística. Pediu também que todo dia 13 de julho fosse dedicado a ela.

Data comemorativa: 13 de julho.

Padroeira: das vocações sacerdotais e religiosas.

Nossa Senhora de Montserrat

Eu sou o Amor irremovível que afirma o bem
e aponta na direção certa.

VOCÊ PODE TER SE ESQUECIDO do lugar onde enterrou o seu tesouro. Mas ele está bem guardado e só você poderá encontrá-lo. No momento certo, o seu coração lhe dirá onde ele está, pois será impossível seguir adiante sem encontrá-lo. Estrelas apontarão a direção e um coro angélico revelará que você está no tempo e lugar certos. É só confiar. Nem o esquecimento nem a passagem do tempo serão capazes de macular a esperança e a fé que inundarão seu coração.

Origem: Nossa Senhora de Montserrat é um título atribuído à Virgem Maria, mãe de Jesus. Embora sua origem esteja envolta em várias lendas e datas diferentes, o relato mais aceito da aparição dessa imagem remonta ao ano 890. Certa noite, alguns pastores ficaram maravilhados com as luzes e os cânticos que ecoavam das montanhas próximas do município de Monistrol de Montserrat, na região de Barcelona, Espanha. Eles relataram o evento a um sacerdote da região, e este ao bispo, que também havia presenciado o fenômeno. Dias depois, a imagem de uma Virgem Negra foi descoberta numa caverna. Em homenagem a essa santa, o povoado ergueu uma capela, dando origem ao mosteiro de Montserrat, um dos locais mais importantes de peregrinações marianas do mundo.

Data comemorativa: 08 de setembro.

Padroeira: da Catalunha, das cidades de Cotia, Salto e Santos (SP), como também do estado de São Paulo.

Nossa Senhora dos Milagres

Eu sou o Amor que desperta a todos para os milagres cotidianos.

SÓ O AMOR DESVENDA O MISTÉRIO que eu represento. Esse é o milagre cotidiano que está sempre ao alcance dos corações e mentes que se inocentam ao contemplar as possibilidades infinitas de fazer o bem. Ame, construa, cuide, doe-se, ocupe-se com o fluxo de vida em abundância que permeia a sua vida. A vida está cheia de pequenos milagres que podem escapar ao olhar menos atento. Mas o olhar do coração tudo vê, tudo sente. Despertar o coração é o milagre que você mais deseja. Acorde!

Origem: Nossa Senhora dos Milagres é um título atribuído à Virgem Maria, mãe de Jesus. Sua origem encontra-se na região de Serreta, Açores, Portugal, e remonta ao final do século XVII, quando um padre chamado Isidro Fagundes Machado (1651-1701) se considerou vítima de injusta perseguição e se refugiou numa localidade chamada Queimado, na região da atual Serreta. Ali, num dos mais remotos trechos da ilha, ergueu uma capela para cumprir uma promessa e nela colocou uma pequena imagem de Nossa Senhora com o Menino Jesus. A fama da imagem se espalhou, despertando grande devoção. Após inúmeros milagres atribuídos à sua intercessão, ela passou a ser popularmente designada como Nossa Senhora dos Milagres.

Data comemorativa: dados desconhecidos no Brasil.

Padroeira: provavelmente é padroeira de Serreta. No Brasil, é padroeira de diversas cidades, entre elas: Monte Santo de Minas e Rio Melo (MG), Brejo da Cruz (PB), Morro do Chapéu (BA) e Milagres (CE).

Nossa Senhora da Guia

Eu sou o Amor que guia os meus filhos e filhas bem-amados.

EU SOU A GUIA CELESTIAL QUE CANTA canções de louvor e gratidão ao Pai Celestial e ao seu Filho, fruto bendito do Amor eterno. Aquiete-se e ouça com atenção, pois tudo já está sendo feito para que você encontre a orientação que está buscando. Esvazie a sua taça, aquiete os ruídos em sua mente, preste atenção aos singelos sinais que já estão assentados em seu caminho. A orientação que você busca está contida nesses sinais claros que a vida está lhe dando. Siga-os em paz e com confiança.

Origem: Nossa Senhora da Guia é um título atribuído à Virgem Maria, mãe de Jesus. Essa devoção mariana surgiu no seio da Igreja Ortodoxa Grega, onde era invocada com o nome de Odigitria (Condutora ou Guia). Essa denominação surgiu porque Maria guiou Jesus em sua infância. Posteriormente foi reconhecida pelo Vaticano e incluída na hagiologia da Igreja Católica Romana. Considerada Guia e Protetora do Povo de Deus, o culto a Nossa Senhora da Guia se propagou pelo mundo inteiro.

Data comemorativa: 15 de agosto, ou 13 de janeiro (no segundo domingo após a Epifania do Senhor).

Padroeira: dos Navegantes.

Nossa Senhora de Guadalupe

Eu sou o Amor que persevera com candura e fé.

MINHA CRIANÇA ETERNA, a perseverança é uma característica daqueles que são tocados pelo meu Amor. Mostro-me aos que têm fé, por intermédio de ações que conduzem a uma conclusão plena do plano divino para suas vidas. Inocência e candura são qualidades que você pode expressar como dádivas que ponho à sua disposição. Isso transformará toda incredulidade em amor e fé. Venha para o meu oceano de luz perfumada, ouça o meu chamado e esteja pronto para vencer todos os obstáculos.

Origem: Nossa Senhora de Guadalupe é um título atribuído à Virgem Maria, mãe de Jesus, e uma das devoções marianas com o maior número de fiéis em todo mundo. A origem do seu culto se deve a algumas aparições ocorridas no século XVI. No início de dezembro de 1531, um índio chamado Juan Diego dirigia-se à cidade do México para assistir às aulas de catecismo e à Santa Missa. Ao amanhecer, aproximando-se da colina chamada Tepeyac, Juan escutou uma voz que o chamava pelo nome. Assim que alcançou o cume, viu uma senhora de beleza indescritível. Ela o chamou de Juanito e lhe disse para procurar o bispo da região, pedindo-lhe que construísse naquele local um santuário dedicado à veneração da Virgem. Como retribuição, ela traria amor, compaixão, auxílio e defesa a todos os moradores que a invocassem.

Data comemorativa: 12 de dezembro.

Padroeira: da América Latina, México e Província de Cebu (Filipinas); da formação de lideranças cristãs, das vocações e das famílias; protetora dos nascituros. A Virgem de Guadalupe também é muito invocada para prevenir aborto.

Nossa Senhora da Humildade

Eu sou o Amor que se expressa com modéstia e reverência.

MEUS FILHOS AMADOS, o sentimento de separatividade em suas consciências cria a ideia de que foram expulsos do eterno estado de graça e por isso se sentem indignos. Toda separação é ilusória e todos são dignos do meu Amor. Do húmus da terra brota a verdadeira humildade, aquela que ensina uma modéstia silenciosa e anônima e causa em todos os que por ela são tocados uma profunda reverência pela Vida. Essa reverência é soberana e majestosa quando unificada em seus corações.

Origem: Nossa Senhora da Humildade é um título atribuído à Virgem Maria, mãe de Jesus, sendo uma das devoções marianas mais antigas do mundo. Ela remonta aos primórdios da Igreja e tem sua origem no Evangelho de São Lucas (1,46-55). Essa passagem inclui um hino de louvor a Deus entoado pela Virgem Maria em gratidão por todas as maravilhas que o Senhor Deus realiza em sua vida, denotando grande humildade. Maria exalta o amor e a misericórdia de Deus, que "olhou para a humildade de sua serva". A partir desse texto, surgiu a devoção a Nossa Senhora da Humildade.

Data comemorativa: dados desconhecidos no Brasil sobre sua festa litúrgica em Portugal e na Itália. Na cidade de Paulistana, no Piauí, todo dia 15 de agosto é dedicado a homenagens a este ícone mariano.

Padroeira: provavelmente das províncias de Vila dos Arcos de Val de Vez (Portugal), de Pistoia (Itália) e da cidade de Paulistana (PI).

Nossa Senhora da Glória

Eu sou o Amor que glorifica a Deus eternamente.

O AMOR DIVINO GLORIFICOU-ME, corpo e alma elevados ao céu. O impulso de permanecer em paz eternamente é bom e justo, mas antes é preciso entregar-se completamente à Vontade Divina. Sendo feita a Vontade de Deus, a Sua Luz Divina iluminará a inteligência e o coração da alma humana com seu brilho e esplendor eternos. O Amor de Deus a tudo salva e glorifica. E assim, ofereço minha paz eterna e gloriosa a todos os meus filhos e filhas.

Origem: Nossa Senhora da Glória, também conhecida como Nossa Senhora da Assunção, é um título atribuído à Virgem Maria, mãe de Jesus. Essa denominação refere-se a três verdades da fé católica professadas pela Igreja: a Dormição de Nossa Senhora (sua morte como "portadora de Deus"), sua Assunção ao Céu em corpo e alma e a sua Glorificação como Rainha do Céu e da Terra. A Virgem Maria, mãe de Nosso Senhor, após realizar o projeto de Deus com toda sua disponibilidade e perseverança em sua fé como progenitora do Messias, foi glorificada de forma total e tornou-se um dos maiores ícones de veneração do cristianismo.

Data comemorativa: 15 de agosto.

Padroeira: de Fortaleza, Viçosa do Ceará e Itapipoca (CE), Jales (SP), Caçapava do Sul (RS), Cabo Frio (RJ), Cabo Verde e Bom Despacho (MG) e Maringá (PR), entre outras cidades do Brasil.

Nossa Senhora da Caridade do Cobre

Eu sou o Amor que tempera ações e atitudes com o sal da vida.

POR MEUS FILHOS AMADOS transponho oceanos e distâncias para estar presente no coração de cada um, ofertando-lhes o sal da vida. Eu sou a essência que tempera a vida com exatidão e benevolência e venho para libertá-los de suas limitações. Há muito mais a ser descoberto para além da ilha pessoal e de isolamento em que se encontram. Percebam as conexões divinas que surgem quando são caridosos e diligentes. Caridade é amor em ação e a vibração curadora dos que amam verdadeiramente.

Origem: Nossa Senhora da Caridade, ou formalmente Nossa Senhora da Caridade do Cobre, é um título atribuído à Virgem Maria, mãe de Jesus. Essa denominação surgiu em Cuba. A veneração a este ícone mariano provém da devoção surgida no século XVI a uma pequena imagem de uma Virgem Negra coroada e envolta em vestes reais, com o Menino Jesus no colo. A primeira versão da lenda gira em torno do aparecimento da imagem e diz que ela foi encontrada no mar do Caribe por Alonso Ojeda, comandante do exército espanhol que, em séria ameaça de naufrágio, clamou fervorosamente à Virgem e lhe prometeu construir uma capela se fosse salvo. Em outra versão, dois índios, Juan Rodrigo e Juan Diego Hoyos, e um jovem negro chamado Juan Moreno passaram três dias em alto-mar enfrentado uma tempestade. Com a calmaria no quarto dia, antes do nascer do sol, partiram para recolher sal, quando se depararam com a imagem da Virgem Negra.

Data comemorativa: 08 de setembro.

Padroeira: de Cuba, das grávidas e recém-nascidos; dos rios e mares, do ouro, do mel e da beleza.

Nossa Senhora Desatadora dos Nós

Eu sou o Amor que desata nós e liberta a mente e o coração de todos os medos.

MINHA CRIANÇA AMADA, não há problema e dificuldade que resista ao meu amor. Tudo se dissolve e se desmancha ao meu toque semeador de graças e bênçãos. Sinta a minha mão abençoando sua cabeça e desatando pensamentos e sentimentos que criam a ilusão de que você está separada de mim. Sinta a alegria e a leveza que despontam quando as coisas se desembaraçam. Venha para a luz do meu amor e tudo será sanado. Confie no bem que depositei em seu coração.

Origem: Nossa Senhora Desatadora dos Nós é um título atribuído à Virgem Maria, mãe de Jesus. A origem desse culto mariano está na igreja de São Peter am Perlach, em Augsburgo, Alemanha. Por volta de 1700, um artista chamado Johann Schmittdner, pintou a Virgem Maria inspirando-se na reflexão de Santo Irineu, bispo de Lyon, martirizado em 202 durante a perseguição do imperador Severo. À luz do paralelismo Adão-Cristo feito por São Paulo, Irineu estabeleceu a correspondência Eva-Maria, assim descrita: "Eva, por sua desobediência, atou o nó da desgraça para o gênero humano; ao contrário, Maria, por sua obediência, o desatou!" Essa devoção mariana demonstra o importante papel desempenhado por Nossa Senhora desde as bodas de Caná, quando evitou o constrangimento dos noivos, até a sua vitória definitiva, celebrada no Apocalipse.

Data comemorativa: 15 de agosto.

Padroeira: protetora da missão dos apóstolos.

Nossa Senhora dos Anjos

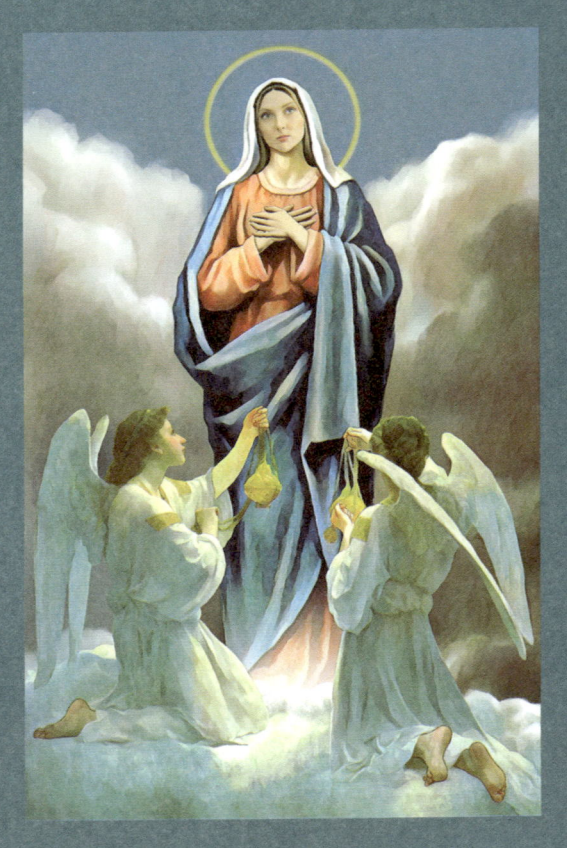

Eu sou o Amor mensageiro de verdades que perfumam e purificam sua vida.

OUÇA O CORO DOS ANJOS A CANTAR para que você desperte e se levante para o novo dia. Meu Filho muito amado habita o meu coração e Sua benção se derrama sobre todos os meus filhos e filhas. Não se assuste com a estupidez do mundo e apoie-se na grandeza do meu amor por você. Sou anjo e mensageira de Amor e Bênçãos a espargir a verdade como fragrância de rosas frescas, colhidas aos primeiros raios de sol. Relaxe os ombros e solte os pesos que carrega. Entregue-se e confie, pois tudo é bem.

Origem: Nossa Senhora dos Anjos é um título atribuído à Virgem Maria, mãe de Jesus, e uma das mais tradicionais devoções marianas do mundo. Sua origem encontra-se numa pequena capela franciscana da cidade de Assis, localizada no interior da basílica de Nossa Senhora dos Anjos. De origem incerta, conta-se que essa capela foi construída por um grupo de peregrinos que voltava da Terra Santa. Nela era venerada uma relíquia que teria vindo do túmulo de Nossa Senhora. Diz a lenda que sempre que se reuniam para rezar, os fiéis podiam ouvir um coro com vozes angelicais. Daí surgiu essa denominação, que mais tarde inspirou a construção da basílica de mesmo nome.

Data comemorativa: 02 de agosto. A data se deve ao fato de que foi nesse dia que São Francisco de Assis recebeu a indulgência do Dia do Perdão, que muitos anos mais tarde o Papa Pio XII estendeu a toda a Igreja Católica.

Padroeira: da Ordem dos Franciscanos.

Nossa Senhora da Ajuda

Eu sou o Amor e a ajuda infalível na construção de sua vida.

ONDE QUER QUE EU ESTEJA, a água de Vida também estará. Meu amor abundante jorra para saciar a sede dos que têm fé e venho para ajudar a construir os novos templos onde se pratica o amor ao próximo. Que sejam templos sem paredes nem divisórias, no centro do coração de todos os meus filhos e filhas, onde todos serão acolhidos. Uma grande porta estará sempre aberta: por ela passarão os servidores da luz. O meu amor é a ajuda mais infalível com que você pode contar.

Origem: Nossa Senhora da Ajuda é um título atribuído à Virgem Maria, mãe de Jesus. O início dessa devoção mariana está ligado à era dos descobrimentos e das grandes navegações do século XVI. Nessa época, navegadores, exploradores, reis e capitães de esquadras mercantes colocavam em suas naus expedicionárias ou militares uma imagem da Virgem Maria, que era invocada como Nossa Senhora da Ajuda. Celebrações eram feitas em sua homenagem nas partidas e chegadas das embarcações. Com a descoberta do Brasil, o culto foi aqui introduzido e implantado no litoral sul da Bahia por padres jesuítas a partir de 1549. É dessa época a construção da capela que deu origem ao Santuário do Arraial d'Ajuda, o mais antigo templo católico do Brasil.

Data comemorativa: 15 de agosto.

Padroeira: Arraial d'Ajuda e Jaguaripe (BA), da Ilha do Governador, no Rio de Janeiro, de Barreirinha (AM), entre outras localidades do Brasil.

Nossa Senhora da Lapa

Eu sou o Amor que vibra para iluminar corações.

ONDE QUER QUE VOCÊ VÁ, sempre estarei mais perto que mãos e pés e abrigada na gruta do seu coração. Não adianta me tirar de lá, pois sempre voltarei ao meu lugar de amor, paz e alegria, no centro do seu coração. Tudo viceja e prospera, a nutrição da vida se faz com a renovação de ciclos infinitos e a inocência é reconquistada no meu jardim florido. Filhas e filhos muito amados, que o seu coração seja a minha Lapa sagrada.

Origem: Nossa Senhora da Lapa é um título atribuído à Virgem Maria, mãe de Jesus. Este culto mariano iniciou-se em meados do ano 982 em Portugal, quando um general mouro chamado Almançor atacou o convento de Sisimiro, na localidade de Quintela, Sernancelhe, região norte do Douro. Ele levou ao martírio inúmeras freiras que ali residiam, mas algumas delas conseguiram fugir e abrigar-se numa lapa (gruta), levando consigo uma imagem de Nossa Senhora. A imagem só foi encontrada cerca de 500 anos depois por uma menina pastora que era muda. Como a mãe se preparasse para destruir a imagem, a menina, milagrosamente, implorou-lhe aos gritos que não cometesse tal ato, pois tratava-se da imagem de Nossa Senhora. O fato foi ficando cada vez mais popular, a ponto de se tornar necessária a construção de uma capela para abrigar a imagem. O culto a Nossa Senhora da Lapa acabou por difundir-se em Portugal; mais tarde, os colonizadores portugueses o trouxeram para o Brasil, sendo aqui praticado em muitas igrejas.

Data comemorativa: 2º Domingo de julho/08 de setembro (dependendo dos locais onde ela é venerada).

Padroeira: Quintela, Lapa (Lisboa), Cubatão (SP).

Nossa Senhora da Paz

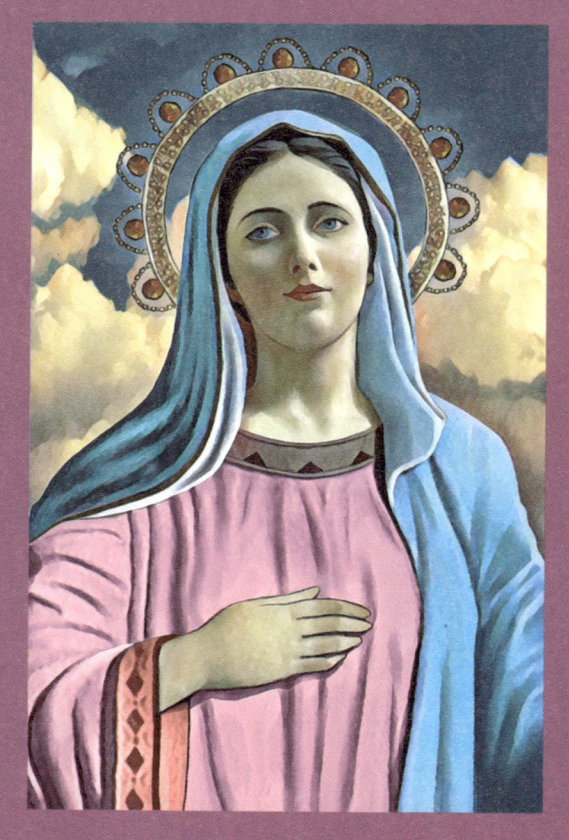

Eu sou o Amor que habita o coração da Paz.

SÓ EXISTE UMA PAZ e ela se manifesta quando as divisões e conflitos no interior da consciência humana se resolvem. A resolução está em se deixar permear pelo Amor verdadeiro, aquele que é a dádiva concedida a todos os meus filhos e filhas, por intermédio do meu amado Filho. Quando houver dúvidas ou disputas a inquietar o seu coração, pense no que o Amor disse: "Eu sou a Paz, Eu vos deixo a Minha Paz".

Origem: Nossa Senhora da Paz é um título atribuído à Virgem Maria, mãe de Jesus. A origem dessa devoção mariana teve início em 1682, na Vila do Mar do Sul, em El Salvador. Segundo a lenda, alguns comerciantes encontraram uma caixa de madeira de rara beleza. Acontece que todas as tentativas de abrir a caixa falharam, mesmo com a ajuda de ferramentas. Certos de que ela continha um precioso tesouro, levaram-na para a cidade de São Miguel, onde novamente tentaram abri-la, mas sem sucesso. Ao passarem na frente da igreja da cidade, porém, o burro empacou, deitou-se, e por mais que fizessem, os comerciantes não conseguiram fazer o animal se mover. Depois de uma nova tentativa, eles foram bem-sucedidos em abrir a misteriosa caixa, quase sem esforço. Evidentemente, não havia nela tesouro nenhum, apenas uma imagem de Nossa Senhora segurando o Menino Jesus. A notícia se espalhou, a guerra que ocorria na região chegou ao fim, e as pessoas resolveram fazer as pazes, entendendo que o fato ocorrido fora um sinal de Deus. A partir daí, a imagem passou a simbolizar o culto a Nossa Senhora da Paz.

Data comemorativa: 21 de novembro.

Padroeira: de El Salvador, Paraguaçu Paulista (SP) e do bairro carioca de Ipanema.

Nossa Senhora do Silêncio

Eu sou o Amor que permeia o silêncio e que acolhe tudo que você é.

O SILÊNCIO ACOLHE PALAVRAS, pensamentos, ações e, por seu intermédio, ressoam os seus respectivos significados e consequências. Nesse mesmo silêncio, pensamentos e sentimentos são apaziguados e o hábito do ruído se desvanece. Minha presença é silenciosa, assim como o meu amor e a minha proteção. Só no silêncio da sua mente e do seu coração você poderá ouvir a orientação que está buscando. Aquiete-se e sinta o meu apoio e a minha presença no centro do seu coração.

Origem: Nossa Senhora do Silêncio é um título atribuído à Virgem Maria, mãe de Jesus. A origem dessa devoção mariana teve início na aldeia de Knock, no condado de Mayo, região situada a oeste de Dublin, Irlanda. A Irlanda passava por uma grande carestia e muitas tribulações em decorrência das más colheitas. Ansioso por amenizar a situação, o vigário local, padre Bartholomew Cavanah, celebrou 100 missas pelo descanso e libertação das almas do Purgatório. Coincidência ou não, em 21 de agosto de 1879 ocorreu uma aparição da Virgem Maria, com São José à sua direita e São João Evangelista à sua esquerda. No entanto, nenhuma das três figuras disse uma palavra sequer. A partir desse acontecimento surgiu o culto mariano a "Nossa Senhora do Silêncio".

Data comemorativa: dados desconhecidos no Brasil.

Padroeira: dados desconhecidos no Brasil.

Nossa Senhora do Carmo

Eu sou o Amor que transcende a vida e a morte.

MINHA PROTEÇÃO É CONSTANTE ao longo do caminho de sua vida e também no momento da passagem para a plenitude da glória eterna. Sob o meu manto não só os seus ombros estarão protegidos do peso desnecessário ou das intempéries, mas também todo o percurso a ser seguido, de modo a servir ao propósito divino desenhado para sua vida. Que sua verdadeira vocação se revele. Receba o amparo e a proteção nos perigos e minha aliança de paz para sempre.

Origem: Nossa Senhora do Carmo é um título atribuído à Virgem Maria, mãe de Jesus. A origem dessa devoção mariana surgiu no século XII, com a formação de um grupo de ascetas e a construção de uma capela no monte Carmelo, ao lado da fonte de Elias, em Haifa, estado de Israel. No século XIII, com as invasões muçulmanas, os monges foram expulsos e se refugiaram na Europa. Em 1251, em Cambridge, Inglaterra, época em que a Ordem Carmelita estava sendo oprimida, São Simão Stock, superior geral da Ordem, pediu à Virgem um sinal de sua proteção que fosse visível a seus inimigos. Foi então que, no dia 16 de julho, Nossa Senhora do Carmo apareceu diante dele com um escapulário nas mãos e disse: "Recebe, meu filho, este escapulário da tua Ordem, que será o penhor do privilégio que alcancei para ti e para todos os filhos do Carmo. Todo aquele que morrer com este escapulário será preservado do fogo eterno".

Data comemorativa: 16 de julho.

Padroeira: da Ordem do Carmo, do Chile, da cidade de Recife e de Pernambuco.

Nossa Senhora da Misericórdia

Eu sou o Amor misericordioso que lava a Alma e enaltece o Espírito.

O MEU CORAÇÃO ESTÁ CHEIO DE CONSOLO e perdão e nele habitam todos os meus filhos e filhas bem-amados. Portanto, ele está sempre aberto para que a graça divina possa alcançar a todos que querem perdoar-se, sem temer os dragões da culpa e do julgamento. É a mesma graça que se traduz como as boas-novas que se espalham e a inspiração para falar ou calar e vencer qualquer obstáculo autoimposto. A misericórdia de Deus é verdadeiramente insondável e o meu Amor é infinito.

Origem: Nossa Senhora da Misericórdia é um título atribuído à Virgem Maria, mãe de Jesus. Essa devoção mariana se deu com a aparição da Virgem Maria para o pastor e beato Antonio Botta em 18 de março 1536, numa época de guerra entre as províncias de Savona e Gênova, e sua mensagem convidava ambas as partes a exercer "Misericórdia e não Justiça".

Data comemorativa: 18 de março.

Padroeira: da cidade de Savona, Itália.

Nossa Senhora do Bom Sucesso

Eu sou o Amor que abençoa a todos com o bom, o belo e o justo sucesso.

O MEU AMOR TRAZ EM SEU FLUXO a dádiva inesperada e também aquilo que se almeja com fervor e dedicação. Como uma peregrina angelical, eu apareço para proteger, abençoar, curar, profetizar e nutrir a vida de meus filhos e filhas. O triunfo do Bem Maior sempre estará garantido aos que seguem adiante, mesmo quando desafios se apresentam, pois sou a doadora de dádivas espirituais eternas e a protetora de bens terrenos e sagrados. Todos são amados por mim e dignos de minhas bênçãos.

Origem: Nossa Senhora do Bom Sucesso é um título atribuído à Virgem Maria, mãe de Jesus. A origem desse atributo (bom sucesso) não é muito clara, havendo várias tradições e explicações diversas. Contudo, essa devoção mariana surgiu no dia 02 de fevereiro de 1594, na cidade de Quito, Equador, quando a Virgem Maria apareceu à serva de Deus Madre Mariana de Jesus Torres. Nossa Senhora lhe prenunciou muitos fatos que a Igreja viveria no século XX, inclusive que o papa Pio IX proclamaria o dogma da Assunção. Previu também que nesse mesmo século um espírito de impureza impregnaria a atmosfera espiritual do planeta. Entretanto, Nossa Senhora prometeu a vitória a quem a ela recorresse, ou seja, sucesso em termos espirituais contra atribulações.

Data comemorativa: 02 de fevereiro. No Brasil, é celebrada em 15 de agosto, 08 de setembro e 29 de outubro, dependendo da localidade onde as festas litúrgicas ocorrem.

Padroeira: de Quito (Equador), da cidade de Caeté (MG), de Pindamonhangaba (SP), entre outras cidades brasileiras, e é invocada por quem deseja obter sucesso nos negócios.

Nossa Senhora do Sagrado Coração

Eu sou o Amor que flui de um coração
puro e misericordioso.

TUDO QUE É TOCADO PELO MEU CORAÇÃO se torna sagrado. O meu imaculado coração abraça as montanhas, os rios, os mares e todas as criaturas da terra. Ele abraça os corações de todos os meus filhos e filhas, pois estou inseparavelmente unida ao coração do meu Filho no Altíssimo. É uma união de afetos, sentimentos, beleza e alegria, de modo que todos possam sentir a ternura de minha compaixão, a fidelidade de minha misericórdia e a constância do meu amor.

Origem: Nossa Senhora do Sagrado Coração é um título atribuído à Virgem Maria, mãe de Jesus, e essa devoção mariana remonta à época de São João Evangelista. O abade Arnoldo de Chartres dizia que "Jesus não recebia nenhum golpe em seu corpo sem que produzisse triste eco no Coração de Maria". No Brasil, o culto ao Imaculado Coração de Maria, divulgado inicialmente pelos jesuítas e depois por outros religiosos, está presente em todos os estados brasileiros, contando ao todo com 36 paróquias a ele consagradas.

Data comemorativa: 30 de maio.

Padroeira: dos desesperados, defensora e consoladora dos aflitos e "Tesoureira" do Coração de Jesus.

Nossa Senhora de Lourdes

Eu sou o Amor que cura e lava todas as impurezas da vida.

SOU UMA RAJADA DE VENTO CELESTIAL e o brilho divino que chama sua atenção para que encontre em si a verdade do meu amor. Só ele pode revelar a pureza do coração e imprimir o meu sorriso nas faces dos meus filhos e filhas bem-amados. Sou a paz que ama a vida e deseja ardentemente habitar todo o seu ser, no silêncio da oração. Esteja presente no presente e deixe o futuro aos meus cuidados. Dedique-se a amar e a fazer o bem sem olhar a quem.

Origem: Nossa Senhora de Lourdes é um título atribuído à Virgem Maria, mãe de Jesus e uma das devoções marianas mais populares do cristianismo. Essa denominação da Virgem Maria teve início em 11 de fevereiro de 1858 no vilarejo de Lourdes, França. Nesse dia, três meninas foram buscar lenha na mata próxima da vila: Bernadette Soubirous, de 14 anos, sua irmã Marie Toinette, de 11 anos, e a amiga Jeane Abadie, de 12 anos. Ao passarem pelo Rio Gave, avistaram uma gruta da qual vinha uma voz que chamava carinhosamente por Bernadette. Obediente, a garota entrou na gruta e avistou a figura de uma jovem senhora vestida de branco, com uma faixa azul na cintura e um rosário de contas de pérola na mão. Essa foi a primeira das 18 aparições que ocorreram por cinco meses para as três meninas, sempre marcadas por Nossa Senhora com dia e a hora.

Data comemorativa: 11 de fevereiro.

Padroeira: protetora dos enfermos.

Nossa Senhora da Claridade

Eu sou o Amor que clareia os caminhos que levam a um porto seguro.

QUANDO VOCÊ SE SENTIR EM PERIGO ou prestes a naufragar em sentimentos e pensamentos impuros e indignos, olhe para o horizonte de possibilidades que surge à sua frente e veja a minha luz a lhe guiar. Aos meus filhos e filhas bem-amados sou como um porto seguro onde podem sentir a firmeza do meu amor e a certeza da minha presença em suas vidas. Na claridade da minha presença, há sempre infinitas possibilidades que se revelam na fé e para o bem de todos.

Origem: Nossa Senhora da Claridade é um título atribuído à Virgem Maria, mãe de Jesus. Esse culto a Virgem Maria é prestado de modo particular no vilarejo costeiro de Perros-Guirec, localizado na cidade La Clarté, no norte França. A lenda que lhe deu origem vem do século XVII, quando o Marquês de Barac'h, ao voltar de um cruzeiro na costa inglesa, de repente se encontrou à deriva com sua tripulação devido a uma terrível neblina. Com os tempestuosos ventos e as fortes correntes que levavam a embarcação de encontro aos recifes próximos, a morte parecia inevitável. Ele então caiu de joelhos e invocou a Virgem Maria, prometendo que se Ela os salvasse, ele construiria uma capela junto à praia para agradecer-lhe o milagre. Por sua forte devoção, Barac'h e a tripulação avistaram uma grande luz misteriosa que iluminava o porto, indicando-lhes a direção e salvando suas vidas. Em ação de graças, a capela foi construída em honra da Virgem Maria, sob o título de Nossa Senhora da Claridade.

Data Comemorativa: 15 de agosto.

Padroeira: da cidade de La Clarté; invocada por quem busca a cura de alguma doença dos olhos.

Nossa Senhora da Escada

Eu sou o Amor que eleva e harmoniza
os corações dos justos.

O TEMPO APARENTEMENTE PASSA, assim como se sucedem as subidas e as descidas nas caminhadas da vida. Meus filhos e filhas muito amados, ao se virem diante dos estados de impermanência e da mutação trazida pelas marés em suas vidas, poderão lembrar-se de subir a escada de luz e oração que conduz ao meu coração. Em tempos de guerra ou de paz o meu coração está sempre dedicado a protegê-los e a abençoá-los com o meu Amor. Venham a mim e encontrem a paz e a harmonia que buscam.

Origem: Nossa Senhora da Escada, ou formalmente Nossa Senhora da Conceição da Escada, é um título atribuído à Virgem Maria, mãe de Jesus. A origem dessa devoção mariana está na celebração da apresentação de Maria ao templo, festividade que começou no Oriente Médio no século VII. Contudo, no ano de 1147, em Lisboa, Portugal, uma capela próxima ao Rio Tejo celebrava um culto a Nossa Senhora da Conceição, venerada de modo especial pelos marinheiros. Eles faziam promessas e depois voltavam para agradecer suas conquistas, mas para chegar à capela precisavam subir 31 degraus, pois a margem do rio era elevada. Com o passar do tempo, essa Virgem começou a ser chamada de Nossa Senhora da Conceição da Escada, para diferenciá-la de outras denominações da Virgem Maria. No Brasil ela é cultuada desde o século XVI, quando os marinheiros navegavam pelo Rio Paraíba do Sul para chegar ao Rio de Janeiro, paravam no Arraial da Escada (atual Guararema, estado de São Paulo), onde havia uma capela com a imagem dessa santa.

Data comemorativa: 21 de novembro.

Padroeira: das cidades de Barueri e Guararema (SP).

Nossa Senhora das Treze Pedras

Eu sou o Amor que conduz ao Bem Maior.

NOS MOMENTOS DE AFLIÇÃO ou quando não há clareza sobre a direção a ser tomada, há caminhos e passagens que podem ser trilhados sob a minha proteção. Sou a Mãe amorosa que aponta a direção e onde pisar com segurança. Sou guardiã dos seus passos e vocês podem pisar com a firmeza de uma mente esclarecida pela minha orientação e celebrar com a leveza de um coração que sabe do meu amor. Sigam em frente e façam a travessia para ir ao encontro do Bem Maior.

Origem: Nossa Senhora das Treze Pedras é um título atribuído à Virgem Maria, mãe de Jesus, e uma antiga devoção mariana cultuada no sul da França. A lenda conta que em 19 de março de 1509 ocorreu uma aparição da Virgem Maria perto do vilarejo de Villefranche-de-Rouergue, distrito de L'aveyron. Um humilde carroceiro atolou sua carroça e sentindo-se sozinho e desamparado, caiu em prece pedindo ajuda a Nossa Senhora. De repente, ele viu surgir diante dos seus olhos uma luz, e dentro dela a Virgem Maria, acompanhada pelos doze apóstolos. Todos eles pousaram os pés em treze grandes pedras que haviam sido colocadas nesse lugar para ajudar os pedestres a atravessar a perigosa passagem em casos de enchentes. Por milagre, a carroça saiu do atolamento. Em 1º de julho de 1510, foi lançada a pedra fundamental do santuário que a partir de então foi dedicado à Virgem Maria com o título de Nossa Senhora das Treze Pedras.

Data comemorativa: 16 de agosto.

Padroeira: dados desconhecidos no Brasil.

Nossa Senhora da Conceição

Eu sou o Amor que liberta e realiza as maravilhas de Deus em cada ser.

O MISTÉRIO QUE ME CONCEBEU no Amor Divino também me abençoou com as maravilhas de saber amar. Só o Amor de Deus pode redimir os meus filhos e filhas amados dos erros cometidos em estado de ignorância. Assim como o Amor Divino operou em mim maravilhas e o Verbo foi concebido, intercedo junto a Deus para que todos possam ser livres do que pode macular seus corações. Purifiquem-se no meu amor e libertem-se orando: "O Senhor fez em mim maravilhas, Santo é o seu Nome".

Origem: Nossa Senhora da Conceição é um título atribuído à Virgem Maria, mãe de Jesus, e uma das mais antigas devoções marianas da Igreja Católica. Desde o século VII, na Península Ibérica, havia festas que celebravam esta denominação da Virgem Maria. No dia 25 de março de 1646, D. João IV declarou Nossa Senhora da Conceição padroeira do Reino de Portugal. Nas províncias portuguesas foi adotada a designação "Nossa Senhora da Conceição" ou "Conceição", mas não "Imaculada Conceição", para que os fiéis não confundissem o culto a Nossa Senhora da Conceição com o dogma da Imaculada Concepção de Maria. Em Portugal e no Brasil, é tradição montar a árvore de Natal e enfeitar a casa no dia 08 de dezembro, dia de Nossa Senhora da Conceição.

Data comemorativa: 08 de dezembro.

Padroeira: rainha e padroeira de Portugal e de todos os povos de língua portuguesa, do estado do Amazonas e de mais de dez cidades por todo o Brasil, onde seu dia é comemorado com feriado local. Ela é cultuada em mais de 170 cidades brasileiras.

Nossa Senhora da Esperança

Eu sou o Amor cheio da esperança que realiza as maravilhas de Deus.

ABENÇOO OS MEUS FILHOS E FILHAS bem-amados com o sentimento de que todas as possibilidades de realização do bem estão ao seu alcance. Esse é o bem que irá prosperar e brindar a todos com os frutos de atos, sentimentos e palavras cheios de confiança e determinação. Contém com minhas bênçãos, pois estou ao lado da porta que se abre para deixar entrar a fé no que é bom, acolher a expectativa cheia de zelo e permitir que a promessa se cumpra. Cultivem a esperança no jardim de sua alma e colham flores em profusão.

Origem: Nossa Senhora da Esperança é um título atribuído à Virgem Maria, mãe de Jesus, sendo uma das mais antigas devoções marianas da Igreja Católica. Ela remonta aos primeiros séculos do cristianismo, tendo sido oficialmente reconhecida no ano de 656, no Concílio de Toledo. Em Portugal, este culto desenvolveu-se muito na Era dos Descobrimentos e foi trazido ao Brasil por Pedro Álvares Cabral. Seu ícone foi exposto nas duas missas do descobrimento celebradas pelo frei Henrique de Coimbra em abril de 1500. A imagem mais clássica representa a Virgem Maria de pé, segurando o Menino Jesus no colo. No século XIX, essa devoção a Nossa Senhora da Esperança intensificou-se após a aparição da Virgem Maria no distrito de Pontmain, França, durante a Guerra Franco-Prussiana (1870-1871).

Data comemorativa: 15 de agosto.

Padroeira: dos comerciantes e marinheiros espanhóis e portugueses e do santuário de Sevilha, conhecida pelo título de "La Macarena" (Senhora da Esperança) ou Virgem Dolorosa de Macarena.

Nossa Senhora da Fonte Santa

Eu sou o Amor que é a fonte santa de todos os milagres.

DO MEU CORAÇÃO BROTA a fonte milagrosa no rochedo que é a fé. Brota um amor santo e abundante que refresca a alma e começa a correr pelas veias dos meus filhos e filhas bem-amados. Hoje, da minha fonte santa, a água corre para o interior de suas consciências e as purifica com as orações, ditas em voz alta ou em silêncio, no templo que foi construído na gruta de seus corações. Estou mais perto que mãos e pés e venho abençoá-los com a graça do perdão e a alegria de servir a Deus.

Origem: Nossa Senhora da Fonte Santa é um título atribuído à Virgem Maria, mãe de Jesus, sendo uma das devoções marianas mais desconhecidas no Brasil. Diz a lenda que por volta de 1740 uma camponesa chamada Marie Galvain, do vilarejo de Rastoul, na região de Périgueux, capital da província da Dordonha, fazia uma peregrinação a uma montanha próxima com mais de 1200 metros de altura para fazer suas orações. Enquanto rezava, a Virgem lhe apareceu e pediu que reconstruísse o oratório e levantasse uma capela. Para demostrar a veracidade do pedido, Nossa Senhora fez brotar uma fonte de água cristalina naquele local árido. A notícia se espalhou e Marie procurou Jean-Baptiste Massillon (1663-1742), bispo de Clérmont Ferrand, famoso pregador local, para que ele autorizasse a construção do oratório e da capela. Ele ofereceu uma estatueta dourada de madeira da Virgem e autorizou o trabalho. A primeira capela só foi construída em 1835, e a atual data de 1866. Hoje a água corre no interior do oratório do santuário, denominado igreja de Nossa Senhora da Fonte Santa.

Data comemorativa: 02 de julho.

Padroeira: dados desconhecidos no Brasil.

Nossa Senhora de Chartres

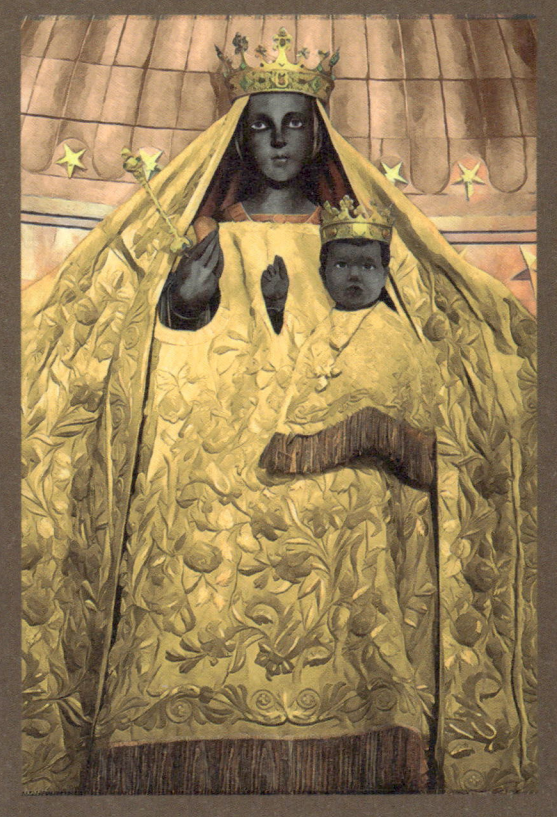

Eu sou o Amor que abre os olhos humanos
para a verdadeira beleza.

FILHOS E FILHAS BEM-AMADOS e amantes da beleza, aqui estou vestida e coroada, como imperatriz soberana e benevolente, a reinar triunfante na Catedral da Paz. Ao centro do labirinto conduzi reis e rainhas, santos e profetas para que compreendessem a paixão do meu Filho Amantíssimo. Encontrem em mim um centro de calma e tranquilidade e o convite para dançar, ao som da música inaudível que flui por meu intermédio. Tudo é silêncio e luz radiante nesse palácio terrestre onde sou a Rainha Celestial.

Origem: Nossa Senhora de Chartres é um título atribuído à Virgem Maria, mãe de Jesus, e é considerado como uma das mais antigas devoções marianas de todos os tempos. O local onde se ergue a famosa Catedral de Chartres, o mais antigo e venerável santuário da França, tem suas origens em tempos anteriores à era cristã e romana. O local era chamado "Carnatum", nome celta que designava uma gruta sagrada onde era venerada uma divindade pagã. Quando os cristãos aí chegaram, apoderaram-se do local e aproveitaram tudo o que puderam do antigo culto. Uma imagem representando uma mulher sentada num trono com uma criança nos braços foi preservada e adaptada à fé cristã, passando a ser venerada como "Notre Dame sous Terre" ou "Nossa Senhora sob a Terra". Tempos depois ela passou a ser conhecida como Nossa Senhora de Chartres. Essa imagem foi destruída durante a Revolução Francesa, e no século XIX foi substituída por um novo ícone da Virgem Maria, fervorosamente homenageada até os dias de hoje.

Data comemorativa: 22 de dezembro.

Padroeira: da cidade de Chartres.

Nossa Senhora da Vitória

Eu sou o Amor que vibra nos corações dos vitoriosos.

SÃO MUITAS AS VITÓRIAS reservadas para os meus filhos e filhas: a vitória da vida eterna sobre a morte finita e a do bem triunfante que transforma e transcende atos, sentimentos e pensamentos indignos, nas mentes e nos corações iludidos. A vitória do real sobre o irreal está reservada a todos os que protejo sob o meu manto azul e os que curo com a luz dourada das estrelas que coroam minha cabeça. Carrego o Menino Deus junto ao meu coração e juntos abençoamos com vitórias os caminhos dos justos e libertos.

Origem: Nossa Senhora da Vitória é um título atribuído à Virgem Maria, mãe de Jesus. Trata-se de uma devoção mariana muito cultuada em Portugal e evoca uma representação de uma Virgem Maria vitoriosa por levar os cristãos à vitória em suas vidas. Seu culto foi adotado em Portugal por Dom João I para comemorar a vitória na Batalha de Aljubarrota, em 1385. Por seus fortes vínculos com a cultura portuguesa, Nossa Senhora da Vitória é a santa padroeira oficial do Clube de Regatas Vasco da Gama.

Data comemorativa: 15 de agosto.

Padroeira: do clube Vasco da Gama, do estado do Piauí, da cidade de Málaga (Espanha), de São Luís do Maranhão (MA) e de Vitória (ES). É também a padroeira da Arquidiocese de Vitória da Conquista, na Bahia.

Nossa Senhora da Estrada

Eu sou o Amor que ilumina o caminho a ser seguido.

AO SEGUIR PELAS ESTRADAS DA VIDA, na terra, no mar e no ar, contém com a minha proteção e bênção. Os caminhos no interior da consciência são muitos e aparentemente diferentes, mas somente aqueles que estão a serviço da verdade levarão os peregrinos aos seus destinos. O meu amor é como uma via única e inclusiva; ao segui-lo, meus filhos e filhas jamais correrão o risco de se descobrir na contramão da adversidade. Atenção plena é preciso, assim como a gratidão ao dom da vida.

Origem: Nossa Senhora da Estrada é um título atribuído à Virgem Maria, mãe de Jesus. Essa devoção mariana começou a ser difundida no início do século XIII, na Itália, quando um desconhecido colocou um quadro com a imagem da Virgem Maria com o menino Jesus numa pequena e humilde capela à beira da estrada que ligava a cidade de Roma ao campo. Logo o povo passou a se referir a esta imagem como Nossa Senhora da Estrada. Essa capela deu origem à igreja del Gesù, em Roma, confiada aos jesuítas pelo Papa Paulo III, em 1541. Ao lado dessa capela, Santo Inácio de Loyola fez muitas orações e veio a falecer dirigindo suas preces a Nossa Senhora da Estrada. O culto a esta denominação mariana chegou ao Brasil por meio dos jesuítas e é difundido até hoje pela Pastoral do Povo da Rua, serviço oferecido pela Igreja Católica, único no mundo, existente no Brasil desde 1976.

Data comemorativa: 24 de maio.

Padroeira: da Ordem dos Jesuítas (Companhia de Jesus).

Nossa Senhora da Árvore

Eu sou o Amor que semeia árvores benditas nos corações humanos.

ÁRVORES SÃO MÃES DE FLORES E FRUTOS que embelezam e nutrem a vida na Terra. Em busca da luz, elas se verticalizam por intermédio de seus troncos bem enraizados para unir a Terra e o Céu. Frondosas ou longilíneas, expansivas ou tímidas, as árvores espalham sementes em abundância, nutrem o ar com o oxigênio vital e criam o nicho perfeito para a expansão da vida. Filhos e filhas bem-amados, sou a Mãe do Fruto Bendito que cresceu no meu ventre para abençoar e iluminar com o Amor Divino a vida na Terra e no Céu.

Origem: Nossa Senhora da Árvore é um título atribuído à Virgem Maria, mãe de Jesus. Essa devoção mariana, praticamente desconhecida no Brasil, encontra sua origem na pequena vila de Chanonat, mais tarde na cidade de Chamonix-Mont-Blanc, localizada na província francesa da Alta Saboia. Uma lenda local conta que não longe da vila, numa região toda arborizada e de clima ameno, no nicho de uma pequena árvore, foi encontrada uma imagem de Nossa Senhora. A imagem ali permaneceu durante bastante tempo, até que as dádivas concedidas pela santa se multiplicaram às centenas. Em agradecimento, seus devotos resolveram construir uma capela para melhor proteger a imagem. Em 1703, foi erguido um santuário para abrigá-la, ficando conhecida como Nossa Senhora da Árvore.

Data comemorativa: último domingo de setembro.

Padroeira: dados desconhecidos no Brasil.

Nossa Senhora da Confiança

Eu sou o Amor que confia no triunfo da bondade humana.

AOS MEUS AMADOS FILHOS E FILHAS afirmo que sou a Mãe da confiança, aquela que está presente para infundir em seus corações o mesmo amor que arde em meu coração pelo meu Filho Divino. É esse Filho que carrego em meus braços, com a mesma confiança de toda mãe que se enche de ternura e se entrega em sua devoção. Confiem que estarei perto, na saúde e na doença, na paz e na turbulência, velando para que jamais percam a confiança em si mesmos e na providência divina.

Origem: Nossa Senhora da Confiança é um título atribuído à Virgem Maria, mãe de Jesus. Surgida na Itália no século XVII, essa devoção mariana teve início com uma monja clarissa chamada Irmã Clara Isabel Fomari. Muito devota da Virgem Maria, recebeu em vida muitas dádivas celestes, inclusive as chagas da Paixão de Cristo em seus membros. Ela sempre carregava consigo um quadro que representava Nossa Senhora com o Menino Jesus nos braços. Curas milagrosas e graças numerosas foram atribuídas a essa imagem; no século XVIII, cópias começaram a circular pela Itália, dando assim origem à devoção a Nossa Senhora da Confiança.

Data comemorativa: 24 de fevereiro.

Padroeira: do Seminário Maior de Roma.

Nossa Senhora do Perpétuo Socorro

Eu sou o Amor que se doa em socorro perpétuo.

O MEU PERPÉTUO SOCORRO está sempre disponível e ao alcance de todos os meus filhos e filhas muito amados. Não se assustem com as possibilidades contidas num futuro imaginário, pois os anjos de Deus estão sempre guardando o seu momento presente. Nem temam as divisões criadas dentro das mentes humanas, pois os desígnios de Deus sempre se cumprirão para o triunfo do Bem. Carrego ternamente em meus braços o meu Filho Amantíssimo, a Criança Divina que é o caminho da salvação.

Origem: Nossa Senhora do Perpétuo Socorro é um título atribuído à Virgem Maria, mãe de Jesus. Essa devoção mariana nasceu de um ícone milagroso da Virgem Maria que foi roubado no século XV de uma igreja na ilha de Creta, na Grécia. Pintada sobre madeira, um comerciante a teria roubado com intuito de vendê-la em Roma. Durante a travessia do mar Mediterrâneo, porém, sua embarcação quase naufragou devido a uma violenta tempestade. Ao chegar a Roma, ele adoeceu de forma inexplicável. Arrependeu-se então de ter roubado a santa e pediu a um amigo que a colocasse numa igreja para ser venerada pelos fiéis. A imagem foi levada para a igreja de São Mateus em 27 de março de 1499, onde permaneceu por mais de 300 anos, até ser entronizada em 1865 na igreja de Santo Afonso de Ligório no Esquilino, na Via Merulana, em Roma. Este título glorioso é uma homenagem e um agradecimento à atenção constante e perpétua da Virgem Maria em socorrer a humanidade.

Data comemorativa: 27 de junho.

Padroeira: dos missionários redentoristas.

Nossa Senhora Auxiliadora

Eu sou o Amor que auxilia e desperta a boa vontade.

HÁ SEMPRE GRANDES POSSIBILIDADES de ajudar o próximo no coração de cada ser humano. Se a boa vontade está presente e se os meus filhos e filhas queridos se entregam aos meus cuidados, posso fortalecê-los para que ajudem os que ainda se encontram na escuridão. No seio de um lar protegido, voltem-se para mim em oração e quietude e elevem as vibrações de tudo o que os circunda, confiando na presença do meu Amor maternal. Deixem passar a Luz e o Amor que têm o poder de transformar o mundo.

Origem: Nossa Senhora Auxiliadora, ou do Auxílio dos Cristãos, é um título atribuído à Virgem Maria, mãe de Jesus. Essa devoção mariana foi instituída pelo Papa Pio V, em 07 de outubro de 1571, após a grande vitória dos cristãos sobre o exército muçulmano comandado por Selim I, imperador dos turcos, no estreito de Lepanto, na entrada do Golfo de Patras, na Grécia, que era a principal passagem para a Europa. O dia de sua festa litúrgica só foi instituído em 24 de maio de 1816 pelo Papa Pio VII.

Data comemorativa: 24 de maio.

Padroeira: da Austrália e protetora da família e do lar. No Brasil, é a santa padroeira das cidades de Goiânia e Iporá (GO); Bagé e Iraí (RS); Rio Verde de Mato Grosso e Amambai (MS); de Santa Maria do Pará e Colorado (PR), e de Vilhena e Porto Velho (RO).

Nossa Senhora das Mercês

Eu sou o Amor que cria a realidade de graças alcançadas e compartilhadas.

O MUNDO ESTÁ CHEIO DE GRAÇAS e bênçãos que se derramam continuamente para atender aos pedidos de oração dos que não desistem diante da primeira dificuldade. Filhos e Filhas amados, unam-se a mim e sonhemos juntos o mesmo sonho divino, aquele que se transforma na realidade de uma graça alcançada e traz a libertação da ignorância e da falta de fé. Confiem no Amor que meu Filho Divino encarnou e, por meu intermédio, aproximem-se das bênçãos que Ele ofereceu ao mundo.

Origem: Nossa Senhora das Mercês é um título atribuído à Virgem Maria, mãe de Jesus, sendo uma das devoções marianas mais antigas e praticadas pelos católicos. Ela teve início em 1218 na Espanha, quando os muçulmanos dominavam parte da península Ibérica e das cidades do litoral francês e italiano, atacando embarcações para roubar, matar e levar homens, mulheres e crianças como escravos. Certa noite, São Pedro Nolasco, Raimundo de Peñafort e o rei de Aragão, Dom Jaime I, tiveram o mesmo sonho. No sonho, apareceu a Virgem Maria, dizendo-lhes para fundar uma ordem religiosa que se dedicasse a proteger os cristãos e a libertar os fiéis cativos. Essa devoção foi trazida ao Brasil pelos mercedários (da Ordem de Nossa Senhora das Mercês, fundada por Pedro Nolasco).

Data comemorativa: 24 de setembro.

Padroeira: da libertação dos escravos.

Nossa Senhora dos Mares

Eu sou o Amor que navega os mares serenos da fé em Deus.

QUANTOS HÃO DE TEMER um mar de águas profundas na escuridão da noite? Quantos se sentirão aprisionados em hábitos nefastos que os impedem de ter a visão clara e o coração tranquilo? Nada temam, pois ninguém explicará por que meus filhos e filhas bem-amados jamais naufragarão, estando por mim protegidos e guiados. Quando ondas de pensamentos e sentimentos turbulentos surgirem em suas mentes e corações, mantenham-se calmos, pois os guiarei ao porto seguro do meu Amor eterno.

Origem: Nossa Senhora dos Mares é um título atribuído à Virgem Maria, mãe de Jesus. Essa é uma devoção mariana nascida no Brasil, no estado da Bahia. Sua origem não tem uma data específica e está envolta em lendas. O que mais se supõe é que um navio tenha naufragado antes de chegar à costa brasileira, de onde uma imagem de Nossa Senhora teria chegado à praia. Algum devoto a encontrou e levou para ser cultuada na antiga igreja de São Gonçalo do Rio Vermelho. Por ter sido encontrada na praia e desconhecerem sua invocação, os devotos lhe deram o nome de Nossa Senhora dos Mares.

Data comemorativa: 02 de fevereiro.

Padroeira: dos navegantes, dos perigos da vida e do desconhecido.

Nossa Senhora da Luz

Eu sou o Amor que carrega em seu peito a Luz do Mundo.

SOU A LUZ QUE PODE ACLARAR os caminhos quando a culpa e a dúvida escurecerem a sua visão. Ao seguir a minha luz, meus filhos e filhas queridos serão conduzidos ao esclarecimento e ao conforto de saber que sempre estarei presente em suas vidas. Eu sou a Mãe da Luz do Mundo e aqueles que A seguem estarão salvos e esclarecidos na unidade do Amor. O Amor de meu Filho por todas as criaturas é a iluminação libertadora e a garantia salvadora de que somos livres e filhos e filhas do Pai Celestial.

Origem: Nossa Senhora da Luz é um título atribuído à Virgem Maria, mãe de Jesus. Essa devoção mariana teve início em Portugal, sendo seu precursor um viajante chamado Pero Martins. Ele participou de várias viagens à África em busca de aventuras e riquezas, quando, em 1459, foi aprisionado por árabes. Em 1463, após passar quatro anos no cárcere, já sem esperança nenhuma, Pero começou a implorar a ajuda de Nossa Senhora para que o libertasse daquela situação. Como resposta às duas fervorosas orações, após 30 dias, Nossa Senhora lhe apareceu em sonho, com uma auréola iluminada por uma luz extraordinária, dizendo que o livraria do cativeiro e pedindo-lhe que construísse uma capela em sua homenagem sobre a fonte do Machado. Passado algum tempo, Pero Martins foi libertado e construiu a capela em honra de Nossa Senhora. Desde então, essa devoção mariana se espalhou pelas terras portuguesas, chegando ao Brasil por volta de 1580.

Data comemorativa: 02 de fevereiro.

Padroeira: da cidade de Curitiba e de diversas cidades e vilas de Portugal e do Brasil.

Nossa Senhora da Anunciação

Eu sou o Amor que diz sim à vontade de Deus.

PELA GRAÇA DO PAI CELESTIAL, o anjo anunciou a vinda do meu Filho Bendito. O mundo está abençoado com a Sua Presença Eterna a inundar os corações dos que se abrem para recebê-Lo. Ao ser anunciado o nascimento do Amor Divino, eu disse sim para que a vontade de Deus se fizesse por meu intermédio. Essa foi a maior prova de amor que pude dar aos meus filhos e filhas bem-amados, quando esperava a vinda do Salvador. Ele encarnou em meu seio para o bem de toda a humanidade.

Origem: Nossa Senhora da Anunciação é um título atribuído à Virgem Maria, mãe de Jesus. A origem dessa devoção mariana encontra-se no episódio bíblico da Anunciação do anjo Gabriel à Virgem Maria, e o enfoque central deste culto a Nossa Senhora nos remete ao nascimento de Cristo, Deus que se fez carne. No momento em que Maria disse: "Eis a serva do Senhor. Faça-se em mim segundo a tua palavra" (Lc 1,38), uma nova história para toda a humanidade teve início. Mais tarde o culto a Nossa Senhora da Anunciação se propagou, tornando-se uma das devoções marianas mais antigas da Igreja.

Data comemorativa: 25 de março.

Padroeira: dados desconhecidos no Brasil.

Nossa Senhora de Copacabana

Eu sou o Amor que inspira a perseverança dos justos.

O MEU AMOR PELOS MEUS FILHOS E FILHAS bem-amados tem a pureza e a luminosidade de uma pedra preciosa que dá vida e inspira a perseverança dos justos. É preciso ter fé e perseverar diante dos empecilhos e desafios que a vida aparentemente apresenta, de modo que cada um possa testar a sua disponibilidade de seguir a própria bem-aventurança. Transcender as aparências para ir ao encontro da essência divina em cada gesto, palavra e ação dignifica a criatura humana e revela a beleza das bênçãos de Deus.

Origem: Nossa Senhora de Copacabana é um título atribuído à Virgem Maria, mãe de Jesus. A origem dessa devoção mariana encontra-se na Bolívia, num antigo culto inca a uma divindade chamada Kopakawana, protetora do casamento e da fertilidade das mulheres na cidade de Copacabana, capital da província de Manco Capac, um importante porto às margens do lago Titicaca. Esse foi o local onde a Virgem Maria passou a ser cultuada com essa invocação. Um descendente direto dos reis incas, Francisco Tito Yupanqui, foi quem esculpiu a imagem que passou a ser venerada sob este título. Hoje, a imagem encontra-se no Santuário de Nossa Senhora de Copacabana, o maior da Bolívia. No Brasil, comerciantes portugueses, bolivianos e peruanos trouxeram uma cópia da imagem para o Rio de Janeiro, onde, em sua homenagem, construíram uma capela na rocha que separa a Praia de Copacabana da Praia de Ipanema. Essa capela deu origem à igreja Nossa Senhora de Copacabana em 1746.

Data comemorativa: 25 de março.

Padroeira: da Bolívia e do bairro carioca de Copacabana.

Nossa Senhora da Saúde

Eu sou o Amor que cria a saúde plena e a paz de espírito.

FILHOS AMADOS, PEÇO-LHES que elevem suas consciências até perceber a unidade na diversidade. Amem os amigos e os inimigos e vejam-nos unificados pelo Amor divino, pois quando esse Amor flui através do ser, não há sofrimento nem sentido de separação. Quanto mais o Amor fluir para o mundo, mais ajuda os seres humanos darão uns aos outros e mais unidade e paz sentirão no coração. O Amor cura todas as feridas e garante a saúde perfeita do corpo e do espírito.

Origem: Nossa Senhora da Saúde é um título atribuído à Virgem Maria, mãe de Jesus. Essa devoção mariana surgiu num momento de grande tribulação para o povo português, quando a peste negra (com seus dois surtos de 1569 e 1599) assolava o país, causando milhares de mortes. Num local próximo da igreja da cidade de Sacavém, os coveiros precisavam abrir centenas de covas para enterrar os mortos. Um dia, enquanto cavavam, encontraram uma pequena imagem de Nossa Senhora. A população viu nisso um milagre e começou a rezar e a fazer procissões pedindo o fim da doença. No ano seguinte, as mortes diminuíram e a epidemia perdeu força. Os devotos escolheram o dia 20 de abril para comemorar o fim da grande peste, agradecendo com uma solene procissão. No Brasil, na cidade de São Paulo, a igreja de Nossa Senhora da Saúde expõe uma imagem da Santa vinda de Portugal.

Data comemorativa: dia 20 de abril, 15 de agosto ou 08 de setembro, dependendo do lugar.

Padroeira: dos enfermos.

Nossa Senhora da Alegria

Eu sou o Amor que irradia a alegria
de ser amado por Deus.

"MINHA ALMA GLORIFICA O SENHOR, meu espírito exulta de alegria em Deus, meu Salvador, porque olhou para sua pobre serva. Por isso, desde agora, me proclamarão bem-aventurada todas as gerações, porque realizou em mim maravilhas Aquele que é poderoso e cujo nome é Santo." A alegria é um sentimento profundo que nasce da segurança de sentir-se amado por Deus. Filhos e filhas, rejubilem-se na alegria de ser amados e que Deus Todo-poderoso realize maravilhas em suas vidas.

Origem: Nossa Senhora da Alegria é um título atribuído à Virgem Maria, mãe de Jesus. Reza a história que durante o reinado de Fulque V de Anjou, o Jovem, três fidalgos da cidade de Laon que haviam partido para a Cruzada caíram prisioneiros e foram levados ao Cairo, sob o comando do sultão El-Afdhal. Este fez de tudo para que os três abjurassem sua fé, mas em vão. A filha do sultão se converteu ao cristianismo e os ajudou a fugir, partindo com eles, que levavam consigo uma imagem da Virgem Maria. Exaustos, dormiram profundamente e ao acordar descobriram que, como por milagre, encontravam-se na França. Não conseguindo expressar em palavras toda sua alegria e gratidão pela fuga milagrosa, erigiram um santuário dedicado à Virgem Santíssima para multiplicar os benefícios e as graças para outras pessoas, atribuindo-lhe o título de Nossa Senhora da Alegria. A esse santuário sucedeu a Basílica de Nossa Senhora de Liesse, construída em estilo gótico em 1134 pelos Cavaleiros de Eppes, reconstruída em 1384 e ampliada em 1480.

Data comemorativa: dia 20 de abril.

Padroeira: dos enfermos.

Nossa Senhora Achiropita

Eu sou o Amor que desenha a beleza da perfeição.

SIGAM AO ENCONTRO DE DEUS, levados por ventos que sopram a favor para conduzi-los ao lugar certo, onde encontrarão aliados e o tempo propício para fazer colheitas abundantes. Os planos desenhados para suas vidas não são feitos por mãos humanas, mas obedecem aos desígnios divinos, numa orquestração perfeita, de modo que cada um consiga realizar a sua própria obra-prima com graça e beleza. Para a providência divina nada é impossível e ela ajuda os que agem motivados pelo triunfo do bem.

Origem: Nossa Senhora Achiropita é um título atribuído à Virgem Maria, mãe de Jesus. Segundo a lenda, no ano de 580 um certo capitão enfrentou uma forte tempestade em alto-mar. Ele rezou com fervor à Virgem Maria e clamou por sua vida. Os ventos o desviaram e ele conseguiu atracar num vilarejo. Segundo um monge, ele não fora salvo pelos ventos, mas pela intercessão de Nossa Senhora, a quem, como homenagem, deveria construir um santuário. Um grande artista foi contratado e iniciou uma pintura de uma imagem de Maria. Entretanto, tudo o que ele pintava durante o dia, desaparecia à noite. Certa noite, uma mulher, com uma criança no colo, pediu para entrar e rezar. Como a mulher demorou a sair, o vigilante do santuário foi ver o que estava acontecendo e encontrou a imagem da mulher e do menino estampada no quadro. Ao ver o milagre, ele saiu gritando pelas ruas: Nossa Senhora Achiropita! De *a-kirós-pita*, não pintada por mãos humanas.

Data comemorativa: 15 de agosto, dia da Assunção de Nossa Senhora.

Padroeira: da Paróquia Nossa Senhora Achiropita e do bairro do Bixiga (São Paulo).

Nossa Senhora das Necessidades

Eu sou o Amor que supre todas as necessidades.

SOU SEMPRE A MESMA MÃE medianeira junto ao Pai Celestial e ao meu Filho amantíssimo, para que as necessidades humanas sejam atendidas. Meus filhos e filhas bem-amados, que necessidade verdadeira se apresenta em suas vidas neste instante? Tudo há de melhorar e prosperar, pois Deus quer que seus filhos e filhas encontrem a paz de espírito e sintam a alegria de ser os herdeiros legítimos do seu Reino. Confiem, trabalhem e orem, pois tudo é para o triunfo do Bem.

Origem: Nossa Senhora das Necessidades é um título atribuído à Virgem Maria, mãe de Jesus, e sua origem está envolta numa lenda ligada a uma imagem de Nossa Senhora da Saúde. Um casal de tecelões conseguiu salvar-se da peste no ano de 1580. Fugindo de Lisboa, refugiaram-se na vila de Ericeira, 35 km a noroeste de Portugal, e passaram a venerar uma imagem de Nossa Senhora da Saúde que existia numa capela local. Ao regressarem a Lisboa em 1604, levaram consigo a imagem devota que protegera a sua saúde. Para cumprir suas promessas de gratidão, com a ajuda de uma grande proprietária da época, construíam uma capela para homenagear a imagem. Com a expansão do seu culto, passou a ser conhecida como Nossa Senhora das Necessidades.

Data comemorativa: 02 de julho.

Padroeira: de Quintela, Vila Pouca e Ponte das Tábuas (Portugal).

Nossa Senhora da Piedade

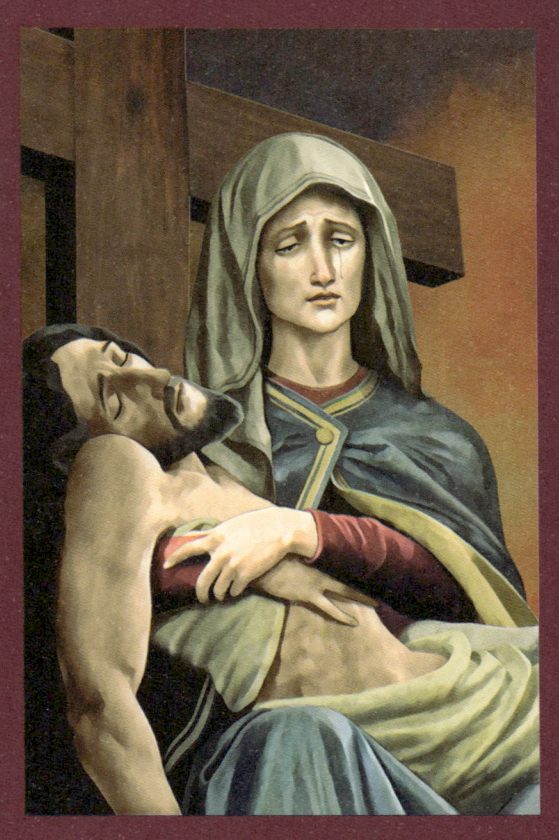

Eu sou o Amor que amadurece a piedade e a compaixão nos corações humanos.

SOU A MÃE DA PIEDADE e conheço todas as dores. Assim como em meu colo contemplei o meu Filho Divino descido da cruz, no mesmo colo recebo os meus filhos e filhas bem-amados em seus momentos de tribulação. Venham para perto de mim e recebam o meu afago; consolem-se perto do meu coração, na certeza de que toda dor passará e deixará a dádiva do amadurecimento e da compaixão por toda a humanidade. Só na unidade do Amor de Deus reina a paz eterna.

Origem: Nossa Senhora da Piedade é um título atribuído à Virgem Maria, mãe de Jesus e sua devoção foi inspirada na famosa *Pietà* de Michelangelo. Conhecida em Portugal desde o século XII, diz a lenda que uma imagem apareceu no tronco de uma árvore. Um camponês observou que um de seus bois ia para o campo no mesmo horário todos os dias, retornando algum tempo depois. Ele chamou alguns amigos e todos seguiram o animal, que se dirigia a uma carvalheira, se ajoelhava debaixo dela e fixava os olhos num dos galhos. Nesse galho encontraram uma pequena imagem de Nossa Senhora da Piedade. Pouco tempo depois, o camponês e os amigos construíram uma capela naquele local em homenagem à santa e a devoção propagou-se. Esse culto mariano difundiu-se inicialmente no Brasil com os bandeirantes.

Data comemorativa: 15 de setembro.

Padroeira: de Guaratinguetá (SP)

Nossa Senhora dos Prazeres

Eu sou o Amor que se deleita com
as dádivas da maternidade.

NA MINHA FONTE BENDITA, todos os meus filhos e filhas bem-amados podem saciar a sede e se nutrir de bênçãos que curam e transformam suas vidas. Toda mãe sente prazer em ver os filhos nutridos e saudáveis, do instante em que nascem até vê-los cumprir sua missão aqui na Terra. A união das famílias, a participação ativa na criação do bem comum e um caminhar livre para servir aos desígnios do Amor – aí estão as fontes de alegria e deleite para o coração de uma mãe e o maior legado de sua sagrada maternidade!

Origem: Nossa Senhora dos Prazeres, conhecida também como Nossa Senhora das Sete Alegrias, é um título atribuído à Virgem Maria, mãe de Jesus. Essa devoção mariana se originou em Portugal, no final do século XVI. Reza a lenda que em 1590 a imagem da Virgem Maria apareceu sobre uma fonte de água na cidade de Alcântara. Com a sua aparição, curas milagrosas começaram a acontecer para as pessoas que ali bebiam água. Entretanto, os donos das terras removeram a imagem do lugar onde ela se encontrava. À revelia dos proprietários, a imagem tornou a aparecer em outra fonte próxima. Essa segunda aparição ocorreu a uma menina que foi a essa fonte. Nesse momento, a própria Virgem Maria se manifestou e pediu que a menina levasse um recado para a população, dizendo: "Nossa Senhora pede que seja construída uma igreja no local da fonte e que ali seja invocada como Nossa Senhora dos Prazeres".

Data comemorativa: segundo domingo depois da Páscoa, com a festa da Divina Misericórdia.

Padroeira: de Itapecerica da Serra (SP), da cidade e da diocese de Lages (SC) e de Maceió (AL).

Nossa Senhora da Boa-Nova

Eu sou o Amor que traz as boas-novas
da paz e da concórdia.

O FIM DAS BATALHAS QUE SÃO TRAVADAS interiormente nas mentes e nos corações humanos é a promessa da vida plena e em unidade com o Amor de Deus. Não adianta fugir e se esconder do inimigo quando ele está alojado no próprio coração. Filhos e filhas bem-amados, trago-lhes as boas-novas que dão fim a todas as formas de antagonismo no interior da consciência humana. O meu Filho amantíssimo disse: "Eu vos dou a paz, eu vos deixo a minha paz." Recebam-na em seus corações nesse instante.

Origem: Nossa Senhora da Boa-Nova é um título atribuído à Virgem Maria, mãe de Jesus. Essa devoção mariana é muito cultuada em Portugal e na França desde o século XVI. Existe um santuário a ela dedicado no vilarejo de Frouville, província de Val-d'Oise, França, e em São Pedro de Terena, Portugal, o Santuário de Nossa Senhora da Boa-Nova. Também na Vila do Porto, na Ilha de Santa Maria, nos Açores, há uma capela erigida em sua homenagem. Em Braga, Portugal, no ano de 1512, o arcebispo D. Diogo de Souza abriu a rua Nova do Souza e mandou edificar uma capela dedicada à Virgem Maria. Ao saber da boa notícia, os moradores do bairro resolveram mostrar o seu reconhecimento, criando uma confraria para promover um culto a Nossa Senhora da Boa-Nova. Chegando ao Brasil, esse culto mariano consolidou-se nas paróquias de Boa Nova, diocese de Jequié (BA), e de Vitória da Conquista, também na Bahia.

Data comemorativa: segunda-feira de Pentecostes.

Padroeira: da cidade Boa Nova (BA) e de Sobral (CE).

Nossa Senhora da Boa Viagem

Eu sou o Amor que enseja a boa
viagem ao coração de Deus.

AMADOS FILHOS E FILHAS, refugiem-se sob o meu olhar materno quando empreenderem viagens. Não importa para onde irão e que distância percorrerão, sempre estarei ao seu lado para abençoar sua jornada. Há muitas viagens a fazer, sejam as que deslocam o corpo para lugares distantes, sejam as que conduzem a alma em sua busca incessante para encontrar a sua verdadeira face. De todas as viagens a empreender, a que mais se almeja é aquela que leva o peregrino ao coração de Deus.

Origem: Nossa Senhora da Boa Viagem é um título atribuído à Virgem Maria, mãe de Jesus e uma das devoções marianas mais antigas da Igreja Católica. Esse atributo surgiu por causa das viagens difíceis e cheias de perigos que Nossa Senhora enfrentou para salvaguardar a vida de Jesus Cristo em seu ventre. Os viajantes recorriam a ela pedindo proteção nas viagens. Assim, seu culto se espalhou por todo o mundo. No Brasil, esta devoção foi a primeira a ter um número significativo de devotos. Em 1618, na província portuguesa de Arrabia, próxima de Lisboa, foi construído o santuário mais antigo dedicado à sua veneração. Em 1712, a primeira capela brasileira dedicada a ela foi construída na Praia de Boa Viagem, em Salvador, Bahia, e resiste até os dias de hoje.

Data comemorativa: 15 de agosto.

Padroeira: da vila portuguesa da Moita, e de muitas cidades, bairros e paróquias espalhadas pelos estados de Minas Gerais, Bahia, Pernambuco e Ceará.

Nossa Senhora do Bom Parto

Eu sou o Amor que abençoa o nascimento
de filhos e filhas bem-amados.

O PAI CELESTIAL REALIZOU EM MIM maravilhas e, pela graça do Espírito Santo, o meu Filho Amantíssimo nasceu para salvar o mundo. Eu sou a Mãe da Luz do mundo e todos os que recorrem a mim vão ao encontro dessa Luz. Carregar no próprio ventre uma criança amada, mas frágil e vulnerável, é a expectativa sagrada que transforma toda mulher em mãe. Concedo bênçãos de paz e tranquilidade e a minha maternal proteção a todas as mulheres que se tornam mães e entregam seus filhos à Luz do mundo.

Origem: Nossa Senhora do Bom Parto é um título atribuído à Virgem Maria, mãe de Jesus e uma das devoções marianas mais tradicionais da França, Espanha e Portugal. Sua origem encontra-se na devoção à estatueta de uma Virgem Negra datada do século XI. Na igreja cristã primitiva, havia muitas imagens da Virgem Maria com a pele morena, sinal de fertilidade utilizado em ícones religiosos. No Brasil, ela é reverenciada desde 1650, a partir de uma imagem de Nossa Senhora do Ó exposta numa igreja construída no Rio de Janeiro nessa época. Seu culto se espalhou e tornou-se uma das denominações marianas com o maior número de fiéis em todo o Brasil.

Data comemorativa: na quinta-feira da Ascensão (40 dias depois da Páscoa), 08 de outubro, entre outras datas, dependendo das localidades onde é realizada sua festa litúrgica.

Padroeira: mulheres grávidas durante a gestação e na hora do parto, e também invocada em momentos de tragédias pessoais e públicas. É padroeira de diversos bairros e cidades brasileiras, e de cidades da Espanha, da França e de Portugal.

Nossa Senhora de Schoenstatt

Eu sou Amor que transforma em Amor
tudo o que por mim é tocado.

O MEU CORAÇÃO É UM TEMPLO que acolhe todos os meus filhos e filhas na misericórdia divina. Sob meu manto todos estarão protegidos para que encontrem o caminho da mais correta e clara orientação espiritual e se tornem autênticos missionários da fé em Deus. Minha peregrinação alcança todos os lares e neles habito para abençoar a tudo que ali vive e inspirar nos corações o amor a Deus e ao próximo, assim como o meu Filho Bem-amado nos amou. Admiráveis são as dádivas de nossa aliança eterna!

Origem: Nossa Senhora de Schoenstatt, ou formalmente Nossa Senhora Mãe, Rainha e Vencedora Três Vezes Admirável de Schoenstatt, é um título atribuído à Virgem Maria, mãe de Jesus, e um dos maiores movimentos marianos do mundo. Surgida na Alemanha, na pequena cidade de Koblenz, no bairro homônimo às margens do Rio Reno, essa devoção mariana teve início no dia 18 de outubro de 1914, quando o padre Josef Kentenich fez uma palestra aos alunos do Seminário de Schoenstatt. Inspirado por Deus, ele fez um convite para rezarem e se consagrarem à Virgem Maria, oferecendo-lhe sacrifícios, com foco na autoeducação. Uma imagem de Nossa Senhora – cópia do quadro original pintado pelo italiano Crosio no século XIX – foi colocada na capelinha de São Miguel que ali existia, tornando o local um santuário mariano. Somente no Brasil, 23 igrejas são dedicadas a ela, e mais de 200 em todo o mundo.

Data comemorativa: 18 de outubro.

Padroeira: do Movimento Apostólico Internacional de Schoenstatt.

Nossa Senhora da Ternura

Eu sou o Amor que devolve a inocência perdida aos corações humanos.

CARREGO EM MEU COLO o meu Filho Bem-amado e o abraço em minha ternura infinita. Uma mãe jamais esquece o olhar impregnado de inocência e de entrega daquele pequeno ser em seus braços e que lhe inspira a mais profunda ternura. É a mesma ternura que sinto por todos os meus filhos e filhas, a quem quero ter próximos ao meu coração. Venham ao encontro do meu abraço terno e misericordioso e reencontrem a inocência indestrutível.

Origem: Nossa Senhora da Ternura, ou formalmente Nossa Senhora da Ternura de Vladmir, é um título atribuído à Virgem Maria, mãe de Jesus, e um dos ícones de origem greco-bizantina mais cultuados pela Igreja Católica. Essa devoção surgiu na Rússia, derivando de uma imagem originária de Bizâncio que o patriarca de Constantinopla deu de presente para o príncipe Mstislav no início do século XII (cerca de 1131). Inicialmente, a imagem ficou exposta no mosteiro da Virgem Maria de Vyshgorod, e em 1160 foi levado para a catedral da Assunção de Vladimir. Permaneceu ali por muito tempo, sendo por isso também conhecida pelo nome de "A Virgem de Vladimir" ou "A Virgem da Ternura de Vladimir".

Data comemorativa: 08 de setembro.

Padroeira: dados desconhecidos no Brasil.

Nossa Senhora da Boa Morte

Eu sou o Amor imortal que sustenta tudo
o que nasce para a vida eterna.

EU SOU A MÃE QUE ROGA por seus filhos e filhas bem-amados agora, neste exato e infinito instante de vida em abundância, assim como na hora misteriosa e imponderável de deixar morrer o que se completou. Não há o que temer, pois para meus filhos e filhas bem-amados a morte não é um fim, mas uma breve passagem para a glória infinita na unidade do amor de Deus. Como mãe zelosa, estarei sempre ao lado dos que morrem para nascer na vida eterna.

Origem: Nossa Senhora da Boa Morte é um título atribuído à Virgem Maria, mãe de Jesus, e provavelmente a devoção mariana mais antiga de que se tem notícia. Ela tem suas raízes numa tradição cristã primitiva, do primeiro século da Era Cristã, chamada "Dormição da Assunta". De acordo com a lenda, quando Nossa Senhora faleceu (ou entrou em "dormição", termo que significa sono da morte), os apóstolos estavam à sua volta, e depois a sepultaram num túmulo no jardim de Getsêmani, em Jerusalém. Entretanto, um dos apóstolos que não estava presente no sepultamento chegou três dias depois e quis ver a Virgem pela última vez. Ao abrirem o túmulo, descobriram que o corpo havia sumido, e concluíram que a Virgem Maria fora elevada aos céus em corpo e alma. Pouco tempo depois, surgiu o culto a Nossa Senhora da Boa Morte, que se perpetua na Igreja até os dias de hoje.

Data comemorativa: 15 de agosto.

Padroeira: protetora dos agonizantes.

Nossa Senhora Divina Pastora

Eu sou o Amor que conduz aos campos
eternos do Divino Pastor.

"O SENHOR É MEU PASTOR, NADA ME FALTARÁ." Quando isso é sabido e compreendido, os corações e mentes de meus filhos e filhas bem-amados se enchem da paz que transcende toda compreensão e da coragem que transcende o medo. Eu sou a mãe do Pastor Divino de Almas que amou a humanidade e deu sua vida por ela. Estou a zelar pelos caminhos que levam ao meu Filho Bem-amado e cuido para que todos sejam entregues aos seus cuidados. Aos que pedirem, dádivas serão concedidas. Aos que perguntarem, respostas se revelarão.

Origem: Nossa Senhora Divina Pastora é um título atribuído à Virgem Maria, mãe de Jesus. Apesar das divergências entre Portugal e Espanha quanto às origens deste título, uma das versões mais conhecidas sustenta que o culto a Nossa Senhora Divina Pastora teve origem na cidade de Sevilha, Espanha. Nossa Senhora teria ali aparecido no dia 08 de setembro de 1703 (ou dezembro, dependendo das fontes) – mesma data em que se comemora a Natividade da Virgem Maria – sentada numa rocha e vestida como pastora, portando um cajado. As autoridades eclesiásticas aprovaram o culto à Divina Pastora em 1709 e também autorizaram a criação de uma Irmandade da Divina Pastora.

Data comemorativa: 08 de setembro.

Padroeira: das cidades de Junqueiro (AL), Divina Pastora (SE) e do estado de Lara (Venezuela).

Nossa Senhora dos Remédios

Eu sou o Amor que providencia o remédio certo e a perfeita redenção.

O REMÉDIO QUE MEUS FILHOS E FILHAS bem-amados necessitam está mais próximo que mãos e pés. Com os pés, podem caminhar para ir ao encontro da fé no Amor de Deus por todas as criaturas e, com as mãos, podem alcançar as dádivas oferecidas aos que confiam plenamente. Eu sou o recurso divino e, por meu intermédio, todos os embaraços e dificuldades serão superados. Sou consolo, abrigo e refúgio para os que se distanciaram de sua origem divina e agora podem regressar curados e transformados.

Origem: Nossa Senhora dos Remédios é um título atribuído à Virgem Maria, mãe de Jesus. Essa devoção mariana teve início com São João de Matha, que fundou a Ordem da Santíssima Trindade e veio a falecer em Roma no dia 17 de dezembro de 1213. Visando resgatar os cristãos cativos na África e no Oriente Médio, São João da Matha e São Félix de Valois fundaram em 1198 a Ordem Hospitalar da Santíssima Trindade, um empreendimento que exigia muitos recursos financeiros. Esses homens santos buscaram então o auxílio de Nossa Senhora, o "remédio para todos os problemas que enfrentamos". Com a ajuda da Virgem Maria, conseguiram o dinheiro de que necessitavam e libertaram milhares de cristãos da escravidão. O culto foi trazido ao Brasil no século XVII pelos frades Trinitários, que com suas confrarias e devotos ajudaram a erigir capelas em várias províncias brasileiras. Atualmente, o Brasil conta com 34 santuários dedicados a Nossa Senhora dos Remédios.

Data Comemorativa: 08 de setembro.

Padroeira: das cidades de Paraty (RJ) e Ladário (MS) e de dois municípios com Seu nome nos estados de Minas Gerais e Piauí.

Nossa Senhora das Neves

Eu sou o Amor que realiza o impossível
e não adia o milagre.

PARA DEUS NADA É IMPOSSÍVEL. A neve pode cair no verão, a chuva pode ser copiosa no deserto, mas o mistério da intercessão Divina jamais será abarcado pela mente humana. Suas maravilhas podem ser contempladas e testemunhadas tanto nas grandes, quanto nas pequenas coisas. Aos meus Filhos e Filhas bem-amados deixo o legado do Verbo Encarnado, o prodígio maior que nasceu para libertar o coração da humanidade. O Seu Amor é a Luz que ilumina o Mundo e por isso "o Senhor fez em mim maravilhas e santo é o Seu Nome".

Origem: Nossa Senhora das Neves é um título atribuído à Virgem Maria, mãe de Jesus, e uma das devoções marianas mais antigas da Igreja Católica. Seu culto tem origem numa antiga lenda. No ano de 363, vivia em Roma um descendente de uma nobre família romana. Como não possuía herdeiros, resolveu, junto com a esposa, consagrar sua imensa fortuna à glória de Deus e ao louvor da Santíssima Virgem Maria. Então, na noite de 04 para 05 de agosto, Nossa Senhora lhe apareceu em sonho e lhe disse para edificar uma basílica no monte Esquilino, que pela manhã apareceria coberto de neve. Em pleno verão romano, o milagre aconteceu, com o local onde hoje se encontra a famosa Basílica de Santa Maria Maior amanhecendo completamente nevado.

Data comemorativa: 05 de agosto.

Padroeira: dos alpinistas, da cidade de João Pessoa (PB) e do município de Ribeirão das Neves (MG).

Apêndice

Magnificat
(Também conhecido como Canção/Canto de Maria)

A minha alma engrandece o Senhor,
exulta o meu espírito em Deus, meu Salvador!
Porque olhou para a humildade da sua serva,
desde agora me proclamarão bendita todas
as gerações!
O poderoso fez em mim maravilhas,
Santo é seu nome!
Seu amor se estende para sempre
sobre os que O temem!
Manifestou o poder do seu braço:
dispersou os soberbos,
derrubou os poderosos do seu trono
e exaltou os humildes;
saciou de bens os indigentes

e despediu os ricos de mãos vazias;
acolheu Israel, seu servidor,
lembrando de sua misericórdia,
como prometera aos nossos pais,
em favor de Abraão e de sua
posteridade para sempre.

(Lucas 1,46-55 – adaptação)

Consagração a Nossa Senhora

Ó Senhora minha, ó minha Mãe,
eu me ofereço todo a vós.
E, como prova da minha devoção
para convosco, vos consagro neste dia
os meus olhos, os meus ouvidos,
a minha boca, o meu coração e inteiramente
todo o meu ser. E porque assim sou
vosso, ó incomparável Mãe,
guardai-me e defendei-me como
bem e propriedade vossa.
Amém.

Ladainha de Nossa Senhora

(Extraído de um antigo missal)

Santa Maria, rogai por nós.
(Repete-se após cada invocação.)
Santa Mãe de Deus
Santa Virgem das virgens
Mãe de Jesus Cristo,
Mãe da divina graça,
Mãe puríssima,
Mãe castíssima,
Mãe imaculada,
Mãe intacta,
Mãe amável,
Mãe admirável,
Mãe do bom conselho,
Mãe do Criador,
Mãe do Salvador,
Mãe da Igreja,
Virgem prudentíssima,
Virgem venerável,
Virgem louvável,
Virgem poderosa,
Virgem benigna,
Virgem fiel,

Espelho de Justiça,
Sede de sabedoria,
Causa da nossa alegria,
Vaso espiritual,
Vaso honorífico,
Vaso insigne de devoção,
Rosa mística,
Torre de Davi,
Torre de marfim,
Casa de ouro,
Arca da Aliança,
Porta do Céu,
Estrela da manhã,
Saúde dos enfermos,
Refúgio dos pecadores
Consoladora dos aflitos
Auxilio dos cristãos,
Rainha dos anjos,
Rainha dos patriarcas,
Rainha dos profetas,
Rainha dos apóstolos,
Rainha dos mártires,
Rainha dos confessores,
Rainha das virgens,
Rainha de todos os santos,
Rainha concebida sem pecado,
Rainha do santo rosário,

Rainha da paz, lembrai-vos
(Oração de São Bernardo a Nossa Senhora)

Lembrai-vos, ó piedosíssima
Virgem Maria, que nunca se ouviu
dizer que algum daqueles que a vós
tem recorrido, implorado a vossa
assistência e invocado o vosso socorro,
fosse por vós abandonado. Animado
com igual confiança, eu recorro e venho
a vós, gemendo sob o peso dos meus
pecados, e me prostro aos vossos pés,
ó Virgem das virgens. Não desprezeis
as minhas súplicas, ó Mãe do Verbo
encarnado, mas ouvi-as favoravelmente
e dignai-vos atender-me.
Amém.

Toda bela sois, Maria
(tota pulchra)

Toda Bela sois, Maria!
Toda Bela sois, Maria!
A mácula original não existe em vós,
A mácula original não existe em vós.
Vós sois a glória de Jerusalém,
Vós sois a glória de Israel
Vós sois a honra de nosso povo,
Vós sois a advogada dos pecadores.
Ó Maria!
Ó Maria!
Virgem prudentíssima.
Mãe clementíssima,
Rogai por nós,
Intercedei por nós ao Nosso Senhor Jesus Cristo, Amém.

Salve Rainha

Salve Rainha, Mãe de Misericórdia,
Vida, doçura e esperança nossa, salve!
A Vós bradamos, os degredados filhos de Eva.
A Vós suspiramos, gemendo e chorando
neste vale de lágrimas.
Eia, pois, advogada nossa
Esses Vossos olhos misericordiosos
A nós volvei,
E, depois desse desterro,
Mostrai-nos Jesus, bendito fruto do Vosso Ventre.
Ó Clemente, Ó Piedosa, Ó Doce Virgem Maria!

Rogai por nós, Santa Mãe de Deus,
Para que sejamos dignos das promessas de Cristo.
Amém.